> »Welch schöner, umhegter Garten!«
>
> Sonnenkönig Ludwig XIV über das Elsass

*Der Fotograf **Markus Kirchgessner** aus Frankfurt hat trotz des unberechenbaren Wetters die Elsässer Vielfalt aus Großstädtischem, Weinorten und Vogesenwäldern genossen.*

***Dina Stahn,** schon mehrfach als Autorin für den DuMont Bildatlas tätig, startet von Stuttgart aus zu ihren regelmäßigen Elsass-Ausflügen.*

Liebe Leserinnen, liebe Leser!

Eine beschauliche Autofahrt auf der Route des Vins d'Alsace, der Elsässer Weinstraße, vorbei an nicht enden wollenden Rebhängen. Zwischenstation in pittoresken Fachwerkorten, einer schöner als der andere, dann eine Weinprobe und ein köstliches Essen in einem der gemütlichen Restaurants. Schließlich ein Bummel durch Straßburg. So stellt man sich eine klassische Elsass-Tour vor, und so lohnt sie sich auf jeden Fall – aber es geht auch ganz anders.

Das Elsass aktiv erkunden

Unsere Autorin Dina Stahn gibt viele Tipps, wie sich das Elsass abseits der üblichen Pfade erkunden lässt. Sei es bei einer Tour mit dem Hausboot auf den Kanälen der Region (Seite 41), sei es bei Streifzügen durch die Urwaldlandschaft am Rhein (Seite 113), bei einer Besichtigung des Lalique-Museums (Seite 36 f.) oder aber bei der Mithilfe während der Weinlese (Seite 99). Alle Empfehlungen hat Dina Stahn natürlich selbst getestet. Zeitweilig hat sie gemeinsam mit dem Fotografen dieses Bandes, Markus Kirchgessner, recherchiert und mit ihm gelitten, als sich auf den Höhen der Vogesen die Sonne einfach nicht zeigen wollte.

Lieblings-Restaurants im Grünen

Neu geschrieben für diese Auflage wurde die Rubrik „Unsere Favoriten". Wir präsentieren Ihnen die leckersten Elsässer Spezialitäten und verraten natürlich auch, wo Sie sie bekommen – ein tolles Mitbringsel für die Lieben daheim oder einfach ein Genuss für Sie selbst. Ein anderes „Best of ..." ist den Festen gewidmet. Irgendwo ist immer etwas los im Elsass, die buntesten und schönsten Feste haben wir auf S. 114/115 für Sie zusammengestellt. Und last but not least präsentieren wir die besten Restaurants im Grünen. Die Lieblings-Restaurants von Dina Stahn bieten nicht nur eine hervorragende regionale Küche, sondern zeichnen sich auch durch eine besonders idyllische Lage aus. Genuss pur also!
Herzlich

Ihre

Birgit Borowski

Birgit Borowski
Programmleiterin DuMont Bildatlas

es auf den Donon, Pilger schätzen den Mont Sainte-Odile. Von beiden Punkten aus schweift der Blick über die Felder der Rheinebene, über Weinberge und grüne Gebirgswälder.

....

Südliches Mittelelsass

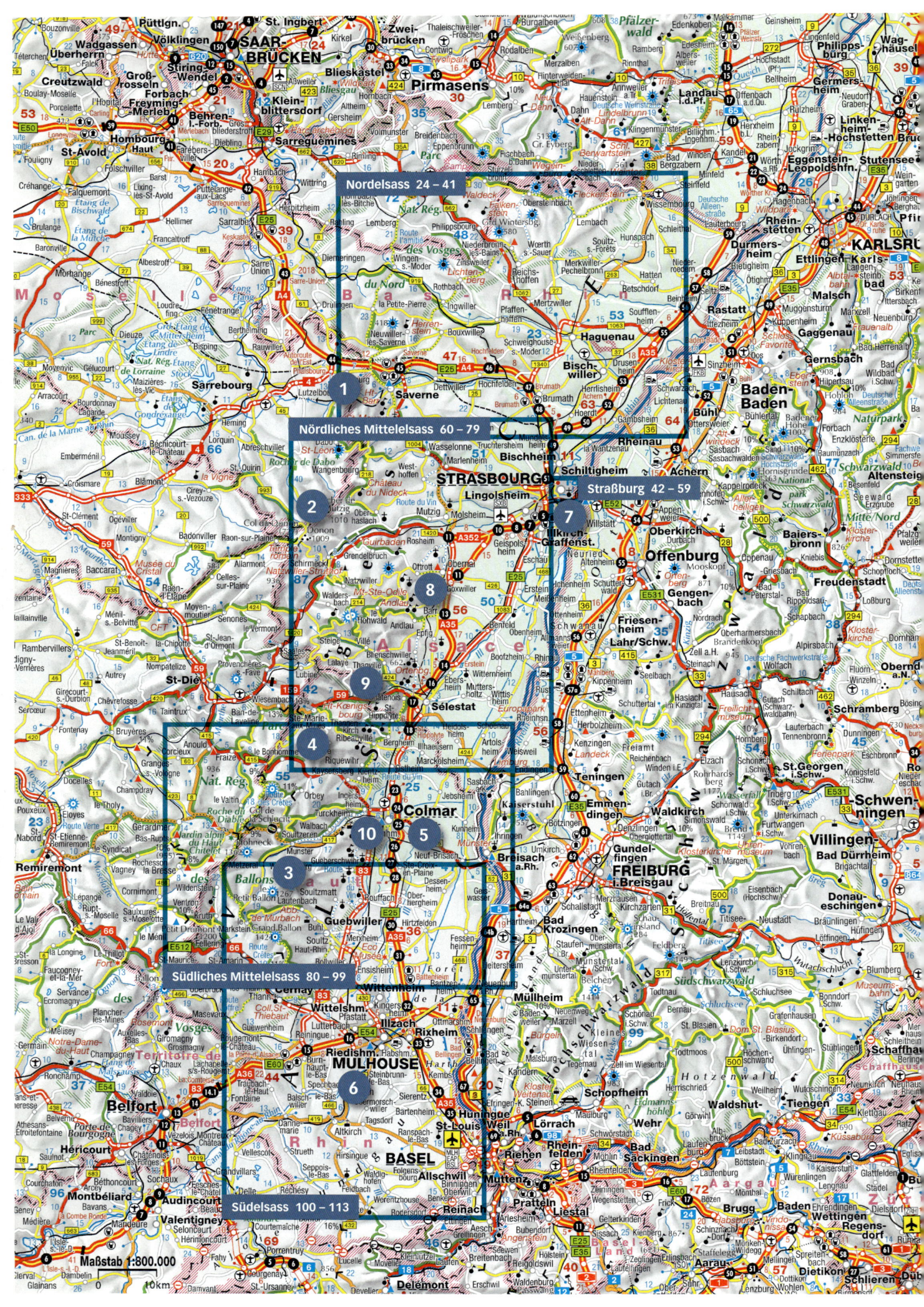

Topziele

*Die bedeutendsten Sehenswürdigkeiten und Erlebnisse, die man
keinesfalls versäumen sollte, haben wir hier zusammengestellt.
Auf den Infoseiten sind sie jeweils als* TOPZIEL *gekennzeichnet.*

NATUR

1 **„Auge des Elsass":** Unvergleichlich
weit schweift der Blick von der Burg Haut-
Barr übers Land – bei günstigem Wetter
bis zum Straßburger Münster. **Seite 40**

2 **Schönster Gipfel:** Aus dem idyllischen Bruche-
Tal geht es hinauf zum Grand Donon. **Seite 78**

AKTIV

3 **Hinauf in die Höhe:** Die
gesamten elsässischen Vogesen
sind ein Wanderparadies –
so auch die Höhen rund
ums Münstertal. **Seite 99**

ERLEBEN

4 **Wo Wein in Strömen fließt:**
Elsässer Reben haben Wohlstand in die
Weindörfer Riquewihr, Ribeauvillé und
Kaysersberg gebracht. **Seite 78, 79, 97**

5 **Colmars Bilderbuchviertel:** Liebevoll restauriert, ist Colmars Petite Venise
touristischer Brennpunkt. **Seite 97**

6 **Technische Preziosen:** Mülhausens
Museumslandschaft hat Weltrang. Das
Automobil- und das Eisenbahnmuseum
suchen ihresgleichen. **Seite 112**

KULTUR

7 **Straßburgs Höhepunkt:** Schon Goethe war
überwältigt. Das Straßburger Münster gehört zu den
eindrucksvollsten Gotteshäusern Europas. **Seite 57**

8 **Der heilige Berg:** Der Mont Sainte-Odile ist
Ausflugsziel und Pilgerstätte gleichermaßen. **Seite 78**

9 **Hochburg des Preußentums:** Die Hochkönigsburg
sollte von Preußens Glanz und Gloria künden. **Seite 78**

10 **Kunst für alle Sinne:** Der Isenheimer Altar ist der
Magnet im Musée Unterlinden in Colmar. **Seite 97**

Heile Fachwerkwelt

Was wäre das Elsass ohne seine Fachwerkdörfer?
Sicherlich nicht der heutige Touristenmagnet.
Die herausgeputzten Häuser vermitteln ein
Gefühl von Idylle, sie befriedigen die Sehnsucht
nach einer heilen, weil überschaubaren dörf-
lichen Welt. Riquewihr, Ribeauvillé, Kaysersberg
und viele andere Orte zählen zu den Juwelen
des Elsass-Tourismus. Dass man dort selten so
allein durch die Gassen wandelt wie in Eguisheim auf unserem Foto, versteht sich von selbst.

Land von Menschenhand

Heile Welt im Elsass? Maisfelder dominieren
die Ebene, das Vogesenvorland gehört den Reben,
ein dem Förster gefälliger Wald zieht sich bis auf
die Höhen – von Städten und Industriegebieten
ganz zu schweigen. Zahlreiche Tiere und Pflanzen
können nur dank kräftiger Unterstützung über-
leben, wie der so innig geliebte Weißstorch.
Nur wer genau hinschaut, wird im Frühling
kleine gelbe Blumen zwischen den Wein-
bergmauern entdecken: wilde Tulpen, viel-
leicht der schönste Schmuck des Elsass.

Hochburg des Rieslings

Die touristische Hauptschlagader des Elsass ist
ohne Frage die Route du Vin, die sich zwischen
Marlenheim und Kaysersberg von Nord nach
Süd durchs Land zieht. Zwischen all den Wein-
dörfchen, Winzer- und Probierstuben verliert
man leicht den Blick aufs große Ganze: Im
Weinland Frankreich spielt der Elsässer Wein
so gut wie keine Rolle. Doch wen schert's?
Die Winzer nicht und die Gäste erst recht
nicht, die mit Begeisterung Riesling, Pinot
noir und prickelnden Crémant verkosten.

Zwischen Rhein und Vogesen

Die Burg Haut-Barr, das „Auge des Elsass",
erlaubt einen Panoramablick auf die lieblichen
Wiesentäler und die raueren Vogesenhöhen.
In kaum einer anderen Region Europas finden
sich so viele Burgen. Diese und ihre Nachfolger,
die Festungen der beiden Weltkriege, zeigen,
wie fragil der Frieden in dieser alten Grenzre-
gion am Rhein einst war. Je nach Machtgefüge
gehörte das Elsass über Jahrhunderte hinweg
mal zu Deutschland, mal zu Frankreich. Doch die
Grenzen – auch in den Köpfen – wurden durch-
lässig, und heute öffnet sich im Sitz der Europäischen Union in Straßburg ein Tor zu Europa.

Ein Quantum Ewigkeit

Gefühlter Mittelpunkt des Elsass ist das Straßburger Münster. Kelten besaßen hier ein Heiligtum, Römer gründeten die Garnison Argentoratum, frühe Christen legten vor 1500 Jahren
den Grundstein für das einzigartige Münster.
Die Stadt selbst war für Jahrhunderte Sitz
der geistigen Elite des Abendlands.

Schule der Sinne

Im Auftrag der Kirche bauten, meißelten, malten und schnitzten etliche Künstlergenerationen. Zu welch atemberaubenden Höhenflügen die Künstler ansetzten, zeigt der Isenheimer Altar in Colmar. Wer sich in die jüngeren Meister vertiefen will, stößt in Straßburg auf ein reiches Terrain an Museen und Galerien. In den Gassen vibriert bis in die Nacht hinein lässiges Savoir-vivre, und eine renommierte Restaurantszene zeigt ihre ganze Kunst.

Urlaub zu Wasser und zu Lande

Für den Gütertransport ist der Rhein-Marne-Kanal kaum noch von Bedeutung – für den Tourismus umso mehr. Der Wasserweg mit seinen zahlreichen Schleusen wird heute fast ausschließlich von Sport- und Hausbooten genutzt. Der alte Treidelpfad daneben wurde zum Radweg ausgebaut und ist ebenfalls stark frequentiert. So können sich die Urlauber zu Wasser und zu Lande entspannte Wettrennen liefern.

Die besten Restaurants im Grünen

Üppig Frischluft zum Dessert

Für seine gute Küche ist das Elsass berühmt, für die stattliche Zahl an Weinstuben, Restaurants und Landgasthöfen ebenso. Eine idyllische Lage in der Natur verdoppelt den Genuss. Unsere Autorin verrät ihre Lieblingslokale im Grünen – auf dem Land oder mitten in Straßburg.

3 Buerehiesel

Straßburg bietet auch für Feinschmecker lauschige Möglichkeiten, im Grünen zu speisen – im Orangeriepark, wo uralte Bäume und ein kleiner See im Sommer angenehme Frische verbreiten. In dem fast ländlichen Ambiente unweit der Europäischen Institutionen zelebriert Eric Westermann Sternekochkunst. Ein Klassiker ist Poulette pattes noires: Hähnchen mit Trüffeln, im Römertopf zubereitet wie ein Baeckeoffe.

Restaurant Buerehiesel:
Ruhetage So., Mo.,
Betriebsferien Aug.;
4, Parc de l'Orangerie,
67000 Straßburg,
Tel. 03 88 45 56 65,
www.buerehiesel.fr

2 Auberge Metzger

Friedlich fließt die Rothaine durch das idyllische Nebental der Bruche, unweit von Schirmeck. Ob man in dieser Bilderbuchlandschaft wandert, radelt oder einfach nur Lust auf beste regionale Küche hat – der Besuch in dem (im besten Sinne) modern eingerichteten Landgasthof der Familie Metzger lohnt sich in jedem Fall.
Chefkoch Yves Metzger ist der Dritte in der Familie, der die Auberge betreibt.

Bei Schönwetter genießt man seine Elsässer Spezialitäten auf der Terrasse. Besonders exquisit sind die Wildgerichte.
Aber Achtung, zur Mittagszeit wird es voll. Die Elsässer essen gar zu gern hier. Besser vorher reservieren!

Auberge Metzger:
55, Rue Principale,
67130 Natzwiller,
Tel. 03 88 97 02 42,
www.hotel-auberge
metzger.com

1 Gimbelhof

Der Gimbelhof liegt einfach herrlich: ringsherum dehnen sich bewaldete Hügel und Wiesen aus und ganz in der Nähe wartet als Wanderziel die Burg Fleckenstein. An sonnigen Wochenenden sind der Biergarten und die neue Terrasse sehr gut besucht. Die Gerichte reichen vom Flammkuchen über frischen Spargel bis hin zum Rind vom eigenen Hof. Anfang November steigt das Schlachtfest, dann versinkt der Gimbelhof bis nach Weihnachten in Winterschlaf. Mit Übernachtungsmöglichkeit.

Ferme Gimbelhof:
Ruhetage Mo., Di.,
67510 Lembach,
Tel. 03 88 94 43 58,
www.gimbelhof.com

4 L'Elmerforst

Wer hier speist, sieht grün: Ringsum dehnen sich die Wälder des Elmerforst aus, und sonst nichts. Sophie und Benoît Hahn haben das ehemalige Forsthaus in den Waldungen der Straßburger Münsterbauhütte zu einer sympathischen Auberge mit Restaurant ausgebaut. Die Speisekarte bietet dem Gast solide Küche, regional und saisonal, daher häufig wechselnd.

Auberge de l'Elmerforst: Ruhetag Mo.; Di.–Do. nur mittags geöffnet; Maison Forestière, 67310 Balbronn, Tel. 03 88 38 51 11 , www.elmerforst.com

5 L'Illwald

6 km südöstlich von Sélestat im grünen Nirgendwo zwischen Rhein und Wald liegt Hotel-Restaurant L'Illwald. Christian und Brigitte Schwarz haben mit viel Geschmack und Geschick ein Gehöft aus dem 17. Jh. restauriert und umgebaut und so ein kleines Paradies inmitten von Feldern geschaffen. Wenn das Wetter einmal nicht gut genug sein sollte, um auf der Terrasse zu speisen, lädt ein wunderschöner Gastraum ein, die hervorragende Küche zu genießen. Auf Übernachtungsgäste warten heimelige Zimmer.

L'Illwald, Le Schnellenbuhl Tel. 03 90 56 11 40 www.illwald.fr Ruhetage Restaurant: Di., Mi.

6 Kahlenwasen

Es gibt Ziele in freier Natur, die steuert man auch an, wenn es Katzen hagelt. Der Berggasthof auf dem Kahlenwasen unterhalb des Petit Ballon gehört dazu. Eine große Gaststube mit karierten Tischtüchern, an den Wänden und über den Tischen Kuhglocken und allerlei landwirtschaftlicher Zierrat, dazu Patron Guy Lochert, der sich gern zu den Gästen setzt und ihnen manchmal sogar sein Heiligtum zeigt – den Käsekeller, wo der Münsterkäse reift. Aufgetischt wird „Le repas marcaire", die elsässische Melkermahlzeit: Suppe, Fleischpastete, Schweineschulter mit Bratkartoffeln, Münsterkäse und zum Abschluss „Sieskäs ", das ist frischer Weißkäse mit einem Schuss Kirschwasser. Danach trainiert man beim Abstieg all die Kalorien wieder ab.

Ferme-Auberge du Kahlenwasen: Petit-Ballon, 68140 Luttenbach/Munster, Tel. 03 89 77 32 49 , www.facebook.com/ Kahlenwasen

Im Land der Burgen

Ausgedehnte Wälder, Töpferstädte und zahlreiche Burgen kennzeichnen das nördliche Elsass. Das Land im Windschatten des Weinstraßen-Tourismus hat mit dem Lalique-Museum eine echte Attraktion bekommen, die das gläserne Erbe der Region angemessen würdigt.

Ein bisschen wie früher, aber bestimmt bunter: Bei der Seebacher „Streisselhochzeit" wird eine elsässische Eheschließung von vor hundert Jahren nachgespielt.

Von der Burgruine Fleckenstein schweift der Blick weit
über das waldige Grenzland hinüber zur Pfalz.

In reizvollem Kontrast leuchten die im 18. Jahrhundert
erbauten Felsenwohnungen von Graufthal.

Zwölfapostelstein: esoterischer Kraftort
zwischen Wingen-sur-Moder und Meisenthal

Blick in die Vergangenheit: Das Erbe der Felsenwohnungen von Graufthal
wird heute museal verwaltet.

„Saat in die Ebene, Wein an den Hügel, Wald auf den Berg."

Klar markiert das blassblaue Band des Rheins die Grenze zu Frankreich. Jenseits des Flusses beginnt das Elsass, Paradies der Fachwerkdörfer und des Weins. Am Rande der Reblagen werfen sich die Vogesen bis auf über 1400 Meter auf. „Saat in die Ebene, Wein an den Hügel, Wald auf den Berg", heißt es im Volksmund.

Im Naturpark Nordvogesen

Töpferstädte wie Betschdorf und Soufflenheim mit ihren vielfarbigen Gugelhupfformen, Terrinen und Nippes aller Art bilden die bunten Flecken im grünen Gewand des Nordelsass. Ein Meer von Bäumen verbirgt die Grenze zu den Pfälzer Nachbarn. 1998 wurde hier das grenzübergreifende Biosphärenreservat Pfälzerwald/Parc Naturel Régional des Vosges du Nord gegründet. Seine Buchen, Eichen, Kiefern und Fichten bilden das größte zusammenhängende Waldgebiet Mitteleuropas, Heimat von Luchs, Wildkatze und Hirsch.

Christliche Mönche waren zwar die Ersten, die sich tief in die Vogesen vorwagten, um Siedlungen zu gründen, doch zuvor haben bereits die Kelten hier Spuren hinterlassen. Der Name des rauen Mittelgebirges leitet sich vermutlich vom keltischen Wald- und Berggott Vosegus ab. Erbstücke aus keltischer Vorzeit finden sich im Elsass an den merkwürdigsten Orten und genießen bis heute Verehrung. Zwischen Wingen-sur-Moder und Meisenthal kann man mitunter Zeuge eines seltsamen Anblicks werden: eine Gruppe Menschen, die händehaltend einen viereinhalb Meter hohen Felskoloss umringen. Keineswegs ist dies nur ein verwaister Vogesenklotz, sondern ein keltischer Menhir. Spirituell und esoterisch Interessierten gilt er als Kraftort, als Punkt, wo sich irdische und kosmische Kräfte durchdringen und ein höheres Energiefeld herrscht. Tatsächlich fühlen sich auch neutrale Besucher zum Teil von einer seltsamen Stimmung ergriffen, wenn sie sich dem Druidenstein nähern, dem der Sage nach heilende Kräfte innewohnen. Der christlichen Kirche war der Megalith allerdings verdächtig – sie wollte den heidnischen Kultstein entschärfen, indem sie an seiner Spitze eine Kreuzigungsgruppe und die zwölf Apostel einmeißeln ließ. So lautet der offizielle Name des Menhirs auch „Zwölfapostelstein".

Wohnen im Fels

Sanfte Hügel prägen den Landstrich zwischen Pfälzer Wald und Saverne, dazwischen Wiesen, unterbrochen von kleinen Bächen, Apfelbäumen und Getreidefeldern. Dann und wann ragt ein

Das gotische Schiff der ehemaligen
Klosterkirche von Marmoutier wurde Ende
des 12. Jahrhunderts neu errichtet.
Soufflenheim ist gleichbedeutend mit
Töpferhandwerk: Thibaut Elchinger in der
gleichnamigen Keramikmanufaktur.
Das Château des Rohan in Saverne war die
letzte Residenz der Straßburger Bischöfe. Seine
monumentale Sandsteinfassade ist die längste
klassizistische Schlossfassade Frankreichs.

Essen mit Stil: Viele Restaurants im Elsass kombinieren geschmackvoll urige Gemütlichkeit und moderne Elemente.

Das traditionsreiche „Maison Katz" in der Grand'Rue bietet mehr als Käsekuchen.

Orgelland Elsass

Special

Zauberer der Klangwelten

Das Elsass gilt als bedeutende Orgelregion. Rund 1350 Exemplare dieser „Königin der Instrumente" stehen in den Kapellen, Kirchen und Münstern. Die berühmtesten stammen vom Orgelbauer Andreas Silbermann (1678–1734) und seinem Sohn Johannes Andreas (1712–1783).

1710 verließ Andreas Silbermann seine sächsische Heimat und eröffnete in Straßburg eine Orgelbauerwerkstatt. Der Standort war klug gewählt: Zur Zeit Ludwigs XIV. und XV. ging es dem Elsass wirtschaftlich recht gut, und davon profitierte auch der Orgelbau. Der Investitionsbereitschaft der geistigen und weltlichen Herrscher, gepaart mit der Begabung der Silbermanns, verdankt das Elsass seine besten Stücke. Nur zwei der Orgeln sind so erhalten, wie Andreas Silbermann sie schuf. Eine steht in der Abteikirche Marmoutier (1709), die andere in Ebersmunster (1732). Kriege und Modernisierungen gingen

Küster an der Silbermann-Orgel Marmoutiers

an ihnen vorüber, Windladen und Pfeifen blieben unverändert, sodass noch immer die von Kennern als besonders strahlend gelobten ursprünglichen Töne erklingen.

Die ungewöhnlichste Orgel im Elsass ist wohl das Tropenklavier mit angehängtem Orgelpedal, das Albert Schweitzer mit nach Afrika nahm und in seinem Urwaldhospital spielte. Es steht heute in seinem ehemaligen Wohnhaus in Gunsbach.

Kirchturm auf, um den sich ein kleines Dorf versammelt. Ein liebliches Land, das großen Frieden ausstrahlt. Spannung in die Idylle bringt der Buntsandstein der nördlichen Vogesen. Rot leuchtet er aus dem Wald hervor, von Wind und Wetter in bizarre Formen geschliffen und von weichen Einbuchtungen und Löchern durchzogen.

Die Höhlen unter einer mächtigen Felswand nutzten die Graufthaler Mönche als Lagerräume. Im 18. Jahrhundert richteten sich dort arme Dorfbewohner ein, vermauerten die zum Tal hin offenen Fronten und schufen damit die berühmten Felsenwohnungen von Graufthal. Die beiden hier lebenden Familien mit bis zu fünfzehn Kindern teilten sich eine winzige Küche. Ein anderer Raum, mit Tisch, Stuhl, Schrank und Bett spärlich möbliert, diente als Wohn- und Schlafzimmer, die Nachbarkammer als Ziegenstall. 1958 starb die „Felsenkäthe", die letzte Bewohnerin der Höhlenhäuser, die danach fast in Vergessenheit gerieten. An den hölzernen Türstürzen bröckelte der Putz, von den Wänden rann Wasser herab. Mittlerweile hat sich eine rührige Bürgerschaft der Häuser angenommen, sie für Touristen zugänglich gemacht und die einst grauweißen Fassaden so munter blau gestrichen wie das schönste Fachwerkhaus.

Das Schiffshebewerk von Saint-Louis/Arzviller bei Saverne ist der wohl spektakulärste Abschnitt des Rhein-Marne-Kanals.
Seit 1969 befördert eine ausgeklügelt energiesparende Technik bis zu vierzig Schiffe pro Tag.

Einfahrt an der „Bergstation": Der Schrägaufzug befördert Boote
innerhalb von vier Minuten 45 Meter abwärts.

Das Elsass lässt sich auch auf
dem Wasserweg durchqueren.

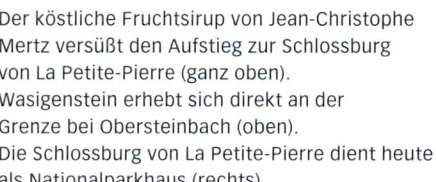

Der köstliche Fruchtsirup von Jean-Christophe
Mertz versüßt den Aufstieg zur Schlossburg
von La Petite-Pierre (ganz oben).
Wasigenstein erhebt sich direkt an der
Grenze bei Obersteinbach (oben).
Die Schlossburg von La Petite-Pierre dient heute
als Nationalparkhaus (rechts)

So munter die Fahne auch flattert – die südlich Marmoutier gelegene Wangenbourg
ist seit 1702 Ruine.

Die stolzen Burgen
scheinen aus dem
rötlichen Stein förmlich
herauszuwachsen.

Zwischen Outlet und Ruinen

Genau wie ihr geologischer Zwilling, der Schwarzwald, teilen sich die Vogesen in einen Südteil, dem Granit und Gneis seine alpine Kulisse verleihen, während nördlich des Flusses Breusch der rötliche Buntsandstein ansteht. Oben auf den Felsenzinnen machten es sich die Herrscher bequem, Grafen und Ritter, Adlige ihrer Zeit. Ihre stolzen Burgen – 450 hat man gezählt – scheinen aus dem rötlichen Stein förmlich herauszuwachsen. Nach einer Blüte vom 12. bis 14. Jahrhundert setzten große Kriege und kleine Zwistigkeiten unter Nachbarn den Burgen so sehr zu, dass keine von ihnen vollständig erhalten blieb. Dennoch zählen Ruinen wie Burg Fleckenstein zum Stolz des Nordelsass. Andere sind halb vergessen im Wald versteckt, dritte längst verschmolzen mit einer Siedlung. Zum Beispiel La Petite-Pierre, wie Lützelstein heute heißt.

Die Burg, die sich malerisch auf einem Sporn erhebt, bewachte einst einen wichtigen Pass nach Lothringen. Cafés und Restaurants säumen die stark befahrene Durchgangsstraße, doch abseits der Straße zeigt sich die Innenstadt fast beklemmend still. Viele Häuser wirken unbewohnt – Exodus aus dem Idyll. Die Musik spielt anderswo. Arbeitsplätze entstehen in den Städten oder auf freier Flur entlang der Grenze. Wie in Roppenheim bei Hagenau, wo 2012 zum Entsetzen der Einzelhändler in Karlsruhe, Rastatt und Baden-Baden auf der grünen Wiese ein Outlet-Center der Superklasse eröffnet wurde: ein aus dem Boden gestampftes Dorf in Elsässer Fachwerkoptik, 107 Läden, 50000 Quadratmeter, 450 bis 700 neue Jobs und zwei Drittel der Kundschaft aus Deutschland.

Sah ein Knab ein Röslein …

Im Oktober des Jahres 1770 schwingt sich der Straßburger Student der Rechte Johann Wolfgang Goethe aufs Pferd und besucht das nahe gelegene Sessenheim. Dort hilft er beim Bau des Pfarrhauses und wird im Kreis der Pfarrersfamilie herzlich aufgenommen. Es dauert nicht lange, bis der 21-Jährige die 18-jährige Pfarrerstochter Friederike Brion für sich entflammt, und so entspinnt sich eine der berühmtesten Liebesgeschichten der Welt. Die beiden wandeln über die duftenden Wiesen und Felder, machen Kahnfahrten auf dem Rhein, tanzen auf Dorffesten. Mit den jubelnden „Sesenheimer Liedern" gelingen dem jungen Goethe Gedichte, die zu seinen schönsten zählen, darunter „Wie herrlich leuchtet mir die Natur, wie glänzt die Sonne, wie lacht die Flur" und „Sah ein Knab ein Röslein stehn". Doch Anfang August

Mitte Juli ist es in Seebach vorbei mit der Ruhe. Zur dreitägigen „Streisselhochzeit" gehören Jung und Alt, gute Laune, Trachten beim Folklorefestzug und typische Elsässer Hausmannskost.

Die ehemalige Reichsstadt Weißenburg ist stolz auf den Fachwerk- und Blumenschmuck in ihrem mittelalterlichen Stadtkern.

„Wie herrlich leuchtet
mir die Natur,
wie glänzt die Sonne,
wie lacht die Flur."

Johann Wolfgang von Goethe

1771 endet die Romanze. Der frisch gebackene Advokat Goethe schwingt sich aufs Pferd und verlässt die Pfarrerstochter vom Lande. „Ich ging, du standst und sahst zur Erden und sahst mir nach mit nassem Blick …"

Das kleine Sessenheim, ansonsten bar jeglicher touristischer Attraktivität, würdigt die Liebesgeschichte nach Kräften. Ein „Goethe-Memorial" erinnert an den berühmten Herzensbrecher. Im angrenzenden Archivraum ist nachzulesen, was der Olympier in „Dichtung und Wahrheit" zu der Angelegenheit schrieb: „Hier war ich zum ersten Mal schuldig – doch der Abschied war endgültig." Gründe für den Bruch, der Friederiken „fast das Leben kostete", nennt er keine. Heute folgen Verehrer des großen Dichters dem „Goethe-Rundweg" zur Friederikenruh, angeblich ein Spazierziel der Liebenden. Der Weg führt weiter und am Bahnhof vorbei. Fremden wird hier noch nachgeschaut, Hühner gackern in den Höfen, Kettensägen kreischen, ein alter Traktor kommt mühsam in Schwung. Vor der Pfarrkirche, in der das Paar eine Messe besuchte, fahren dröhnende Lastwagen vorbei. Vergeblich sucht man im Halbdunkel das Gestühl, wo sie saßen. Draußen blühen am 19. April, Friederikens Geburtstag, Flieder, Apfelbäume, Quitten. Die Sträucher treiben frisches Grün, die ersten Schwalben kommen.

GLASKUNST

Jugendstil im Niemandsland

*In Wingen-sur-Moder steht das einzige Museum, das sich
dem Jugendstilkünstler René Lalique widmet.
Schmuck- und Glaskreationen haben ihn berühmt gemacht.*

Schon die Sammlung der 250 Parfumflakons ist einzigartig –
dazu kommen noch diverse weitere Arbeiten René Laliques.

Er trug zeit seines Lebens ein kleines schwarzes Skizzenheft bei sich. Inspirationen, die ihm vor allem in der Natur zuflogen, hielt er auf der Stelle darin fest. Später, im Atelier, komponierte er seine Kunstwerke: fein detaillierte Vögel, Skarabäen auf verschlungenem Blattwerk, in allen Farben schillernde Libellen und Schmetterlinge, fließende Ranken um tanzende Nymphen.

Die typische Leichtigkeit und Anmut des Jugendstils prägen das Werk von René Lalique. Als „Erneuerer der Schmuckkunst" zählt er zu den Großen der Belle Époque und bildete als Erster weibliche Körper auf Schmuckstücken ab.

1860 in einem kleinen Dorf in der Champagne geboren, gelang ihm in Paris eine Karriere als Schmuckzeichner, Juwelier und Goldschmied. Cartier nahm seine Kollektionen ins Programm, die Schauspielerin Sarah Bernhardt zählte zu Laliques Kundinnen und machte seinen Schmuck weithin bekannt. Schon bei der Weltausstellung in Paris im Jahr 1900 feierte man ihn wie einen Star.

Kühlerfiguren für Luxuskarossen
René Lalique experimentierte bereits 1890 mit Glas, anfangs als Ersatz für Edelsteine. Doch bald lotete er die vielfältigen Möglichkeiten des Werkstoffs aus. Seine herrlich gestalteten Fenster schmückten Luxusdampfer, den Orientexpress und Kirchen, seine Kühlerfiguren zierten Luxuskarossen von Bentley, Rolls Royce und Bugatti. 1907 orderte der Parfumeur François Coty die ersten Flakons. 1912 verlegte sich Lalique ganz auf den Werkstoff Glas und kam ins Nordelsass, wo Glasmachen seit dem 15. Jahrhundert Tradition hat. Sandstein lieferte den Rohstoff Quarzsand, große Wälder sorgten dafür, dass den Glashütten das Brennmaterial nicht ausging. 1921 nahm in Wingen-sur-Moder, einem bekannten Glasstandort, die „Verrerie d'Alsace" ihre Produktion auf. Nach Laliques Tod 1945 übernahm Sohn Marc das Geschäft und spezialisierte sich erfolgreich auf Kristallglas.

Zerbrechlich schöne Exponate
Seit 2011 widmet sich in unmittelbarer Nachbarschaft, auf dem Gelände

Jugendstil in Glas: Von fließenden Ranken umgebene Nymphe auf einem Parfumflakon (oben)

Faszinierend: Der zur Pariser Weltausstellung 1937 von René Lalique entworfene, für das Museum neu aufgelegte „Fischebrunnen", die Fontaine Poissons (links)

der einstigen Glashütte Hochberg, das Lalique-Museum dem berühmten Künstler, seinen Werken und der Schönheit der Natur. Ein rechteckiger Neubau mit grüner Schieferfassade geht förmlich im grünen Moder-Tal auf. Die ganz in Schwarz gehaltenen Räume erlauben eine optimale Ausleuchtung der Glasobjekte, die auf diese Weise ihre zerbrechliche Schönheit zeigen können. Videoinstallationen lassen miterleben, wie das berühmte Kristallglas produziert wird – am Beispiel der „Vase bacchante", 1927 von René Lalique entworfen und bis heute ein Bestseller.

Musée Lalique

. . . .

Der französische Designer Jean-Michel Wilmotte gewann 2004 einen internationalen Architektenwettbewerb zur Gestaltung des Museumsgebäudes in Wingen-sur-Moder, das heute rund 650 Exponate beherbergt.

Öffnungszeiten & Adresse
April–Sept., Dez.–6. Jan. tgl. 9.30–18.30, Feb./März, Okt./Nov. Di.–So. 10.00–18.00 Uhr; 40, Rue du Hochberg, Wingen-sur-Moder

www.musee-lalique.com

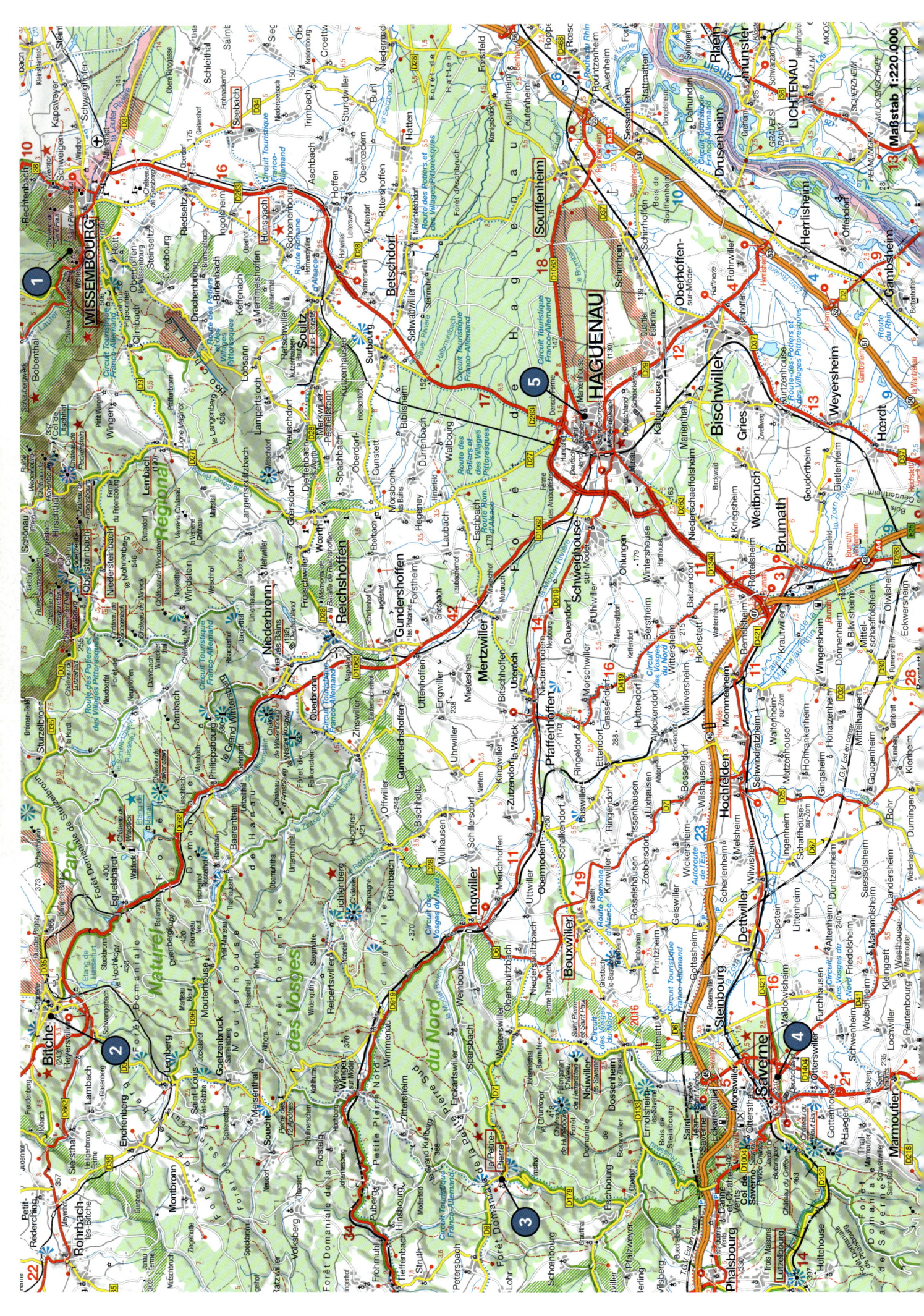

Zwischen Waldesruh und Burgenromantik

Ausgedehnte Wälder laden im Nationalpark Pfälzerwald-Nordvogesen zum Wandern und Mountainbiken ein. Als einst wichtiges Grenzland ist die Gegend reich mit Burgen gesegnet. Manufakturen und Museen erinnern an Jahrhunderte der Glasherstellung. Betschdorf und Soufflenheim hingegen stehen für die Töpferei.

❶ Wissembourg

Exakt an der Grenze zu Deutschland liegt das alte Weißenburg (7700 Einw.), das aus einer im 7. Jh. gegründeten Benediktinerabtei hervorging. Heute kommen die Gäste wegen des schönen mittelalterlichen Stadtkerns der früheren Reichsstadt (14.–17. Jh.).

SEHENSWERT
Die nach dem Straßburger Münster zweitgrößte gotische Kirche des Elsass, die ehem. Abteikirche **St-Pierre-et-St-Paul,** wurde im 13./14. Jh. erbaut. Die schönsten Altstadtecken finden sich im Schlupf-Viertel an der Lauter.

VERANSTALTUNG
Alljährlich strömen die Besucher zur **Streisselhochzeit** in Seebach (südöstl.; siehe S. 114).

HOTEL/RESTAURANT
Der Besuch der €€€ **Auberge du Cheval Blanc** in Lembach (südwestl.) verspricht eine Gourmetreise durchs Elsass. Wer möchte, kann einen Kochkurs buchen und luxuriös übernachten (4, Rue de Wissembourg, 67510 Lembach, Tel. 03 88 94 41 86, www.au-cheval-blanc.fr).

UMGEBUNG
Fast akrobatisch balanciert die **Burgruine Fleckenstein** (Urspr. um 1130) bei Lembach auf schmalem Felsgrat nahe der Grenze zur Pfalz (April–Anf. Nov. tgl. ab 10.00, 26. Dez. bis März So. ab 12.00 Uhr). Zum Schutz vor dem „Erbfeind" Deutschland begann Frankreich nach dem Ersten Weltkrieg mit dem Bau der **Maginot-Linie** (www.lignemaginot.fr). Eine der Befestigungsanlagen, der „Ouvrage du Four à Chaux", ist 10 km südl. von Lembach zu besichtigen (ganzjährig mit Führung). Die bedeutendste Bunkeranlage, „Le Fort de Schoenenbourg" (3 km westl. vom Bilderbuchdorf **Hunspach**), kann ebenfalls besichtigt werden (April–Okt. Mo.–Sa. 14.00–18.00, So. 9.30 bis 13.00, 14.00–18.00 Uhr).
Die Urlaubskasse aufbessern (oder plündern) kann man in **Niederbronn-les-Bains**: Der ehrwürdige Thermalbadeort ist Sitz des einzigen Spielkasinos im Elsass. In Ortsnähe liegen die Reste der **Wasenbourg**.

Bunte Show im „Royal Palace" in Kirrwiller; Schlupf-Viertel an der Lauter in Wissembourg; Glasbläser in Meisenthal

INFORMATION
Office de Tourisme, 11, Place de la République, 67160 Wissembourg, Tel. 03 88 94 10 11, www.ot-wissembourg.fr

❷ Bitche

Bereits in Lothringen liegt die Grenzstadt (5200 Einw.) mit ihrer eindrucksvollen Zitadelle. Sonnenkönig Ludwig XIV. ließ die Festung 1681–1683 errichten. Im Zweiten Weltkrieg gehörte sie zur Maginot-Linie.

SEHENSWERT
Die Aussicht von der **Festung** lohnt einen Besuch ebenso wie die Ausstellung (Mitte März bis Mitte Okt. tgl. 10.00–18.00/19.00 Uhr).

UMGEBUNG
Glashandwerk und Glaskunst zeigt in **Meisenthal** (14 km südl.) das Centre International d'Art Verrier (CIAV; Place Robert Schuman, www.ciav-meisenthal.fr; April–Okt. Mi.–Mo.

14.00–18.00 Uhr, Nov.–Dez. Sonderöffnungszeiten). Zwischen Meisenthal und Wingen-sur-Moder steht der **Zwölfapostelstein**, ein „christianisierter" Menhir.

INFORMATION
Office de Tourisme, 2, Av. Général de Gaulle, 57230 Bitche, Tel. 03 87 06 16 16, www.tourisme-paysdebitche.fr

❸ La Petite-Pierre

Das einst Lützelstein genannte Dorf (600 Einw.) gruppiert sich malerisch um den 384 m hohen Altenberg, einen Vogesen-Bergsporn in den Wäldern des Naturparks Nordvogesen.

SEHENSWERT
Am äußersten Rand des Bergsporns thront die **Schlossburg** (Urspr. 1180, 1684 von Vauban

modernisiert). Heute informiert sie als **Nationalpark-Haus** über alles, was in den Wäldern ringsum kreucht und fleucht (Maison du Parc Naturel Régional des Vosges du Nord; wegen Umbau bis voraussichtlich 2020 geschlossen). „Springerle"-Model von einfach bis höchst kunstreich zeigt das **Heimatmuseum** (Musée des Springerle, Arts et Traditions Populaires, 11, Rue des Remparts, www.musee-sceau. com; Juli, Aug. Di.–So. 10.00–12.00, 14.00–18.00 Uhr, sonst nur Sa./So.). Ungewöhnlich ist das **Musée du Sceau Alsacien** in der Chapelle Saint-Louis, das größte Siegelmuseum Europas (17, Rue du Château; Webadresse und Öffnungszeiten wie Heimatmuseum).

HOTEL/RESTAURANT

Das terrassenförmig gebaute Bio- und Spa-Hotel €€€ **La Clairière** liegt etwas außerhalb malerisch am Hang (63, Route d'Ingwiller, Tel. 03 88 71 75 00, www.la-clairiere.com).

UMGEBUNG

Beliebtes Ziel sind die Maisons des Rochers, die Felsenwohnungen in **Graufthal** (6 km südl.; Mitte März–Mitte Nov. Mo.–Sa. 10.00 bis 12.00, 14.00–17.00, So., Fei. 10.00–18.30, Juli/Aug. tgl. 10.00–18.00 Uhr). Hauptattraktion der Region ist die 25 km nordöstl. gelegene **Burg Lichtenberg**, eine der größten Ruinen im Nordelsass (www.chateaudelichtenberg.com; Di.–So. März, Okt. 10.00–17.00, April, Mai, Sept. bis 18.00, Juni, Juli, Aug. bis 19.00 Uhr).

Tipp

Goldene Rosine

Beim Eintreten duftet es wundervoll nach Vanille und frischem Brot. In der Boulangerie gehen Brioches, Croissants und Baguettes über den Tresen. In der rustikalen Gaststube nebenan treffen sich Handwerker auf ein Frühstück. Ein Besuch in der „Goldenen Rosine" ist genau das Richtige, um sich vor dem Besuch der nur wenige Meter entfernten Abtei von Marmoutier zu stärken.

AU RAISIN D'OR
11, Place du Général de Gaulle, Marmoutier, Tel. 03 88 70 60 44

Von der einst reichen jüdischen Kultur berichtet in **Bouxwiller** (15 km westl.) das Jüdisch-Elsässische Museum in der ehem. Synagoge (Grand'Rue; Mitte März–Mitte Sept. Di.–Fr. 9.00–12.30, 14.00–17.00 Uhr). In Bouxwillers Fruchthalle (16. Jh.) und der ehem. Schlosskapelle (14. Jh.) informiert das Hanauerlandmuseum über Geschichte und Kultur der Region (www.museedupaysdehanau.eu; Juli bis Mitte Sept. Mi.–Fr. 10.00–12.00, 14.00–18.00 Uhr, Sa./So. nur nachm., sonst Mi.–So. nur nachm., Jan. geschl.). Das „Royal Palace" im benachbarten **Kirrwiller** besitzt doppelt so viele Sitz-

Hausbootgewimmel bei Saverne; Fachwerkpracht an der „Maison Katz" in Saverne; Place de la République in Haguenau

plätze wie der Ort Einwohner zählt (1000 Plätze im Varietétheater, weitere 800 im Restaurant). Mitten in der Provinz treten hier Künstler aus dem Pariser Moulin Rouge oder aus Las Vegas auf (20, Rue de Hochfelden, www.royal-palace.com).

INFORMATION

Office de Tourisme du Pays de la Petite-Pierre, 2a, Rue du Château, 67290 La Petite-Pierre, Tel. 03 88 70 42 30, www.ot-paysdelapetite pierre.com

❹ Saverne

Von Zabern aus kontrollierten schon die Römer den Übergang von der Oberrheinebene nach Lothringen. Heute nutzen TGV, Autobahn und Rhein-Marne-Kanal das günstige Gelände bei Saverne (11 200 Einw.).

SEHENSWERT

Schmuckstück der Stadt ist das „elsässische Versailles". Das 1779 errichtete **Château des Rohan** war einst Residenz der Straßburger Fürstbischöfe. Heute zeigt das Schlossmuseum historische und archäologische Funde; die „Donation Louise Weiss" erinnert an die Frauenrechtlerin (1893–1983; tgl. 10.00–12.00, 14.00 bis 18.00, Mitte Sept.–Mitte Juni Mo.–Fr. nur

nachm., Sa., So. 10.00–12.00, 14.00–18.00 Uhr). Sehenswert sind Savernes Gärten – die „Stadt der Rosen" feiert im Juni sogar ein Rosenfest. Im **Rosengarten** (La Roseraie, angelegt 1898) bezaubern über 500 Arten und 8500 Stöcke sowie die größte Orchideenwiese Frankreichs mit ca. 20 heimischen Gattungen (Mitte Mai–Aug. tgl. 10.00–19.00, Sept. 14.00–18.00 Uhr). Der **Botanische Garten** verfügt über ein Arboretum und wilde Orchideen (Jardin Botanique; 85, Grand'Rue; Mai–Aug. tgl. 10.00–18.00, April, Sept. Sa./So. 14.00–18.00 Uhr).

UMGEBUNG

Wegen der unvergleichlichen Rundumsicht wird das **Château du Haut-Barr** TOPZIEL

(5 km südl.; Urspr. 1170, 1583 restauriert) auch das „Auge des Elsass" genannt. Via Zugbrücke gelangt man ins Innere (Restaurant). Ein Labyrinth aus touristischen Straßen durchzieht das gesamte Elsass – ein Höhepunkt der Straße der Romanik ist **Marmoutier** (7 km südl.) mit Abtei Maursmünster (gegr. um 590). Überdauert hat die ehem. Klosterkirche Sainte-Étienne, deren Westfassade (11./12. Jh.) mit den beiden Türmen sich als erdenschweres Bollwerk dem Sünder entgegenschiebt. Umso erstaunlicher die Leichtigkeit der romanischen Reliefs an der Fassade und im Inneren. Das Europäische Orgelzentrum CIP (Centre d'interprétation du patrimoine) widmet sich der Königin der Instrumente mit spielerischen, interaktiven Elementen (50, Rue du Couvent, Feb.–Juni, Sept.–Dez. Mi.–Fr. 14.30–17.30, Sa., So., Fei. 10.00–17.30; Juli–Aug. tgl. 10.00–17.30, an geraden Wochen-

Ein Labyrinth aus touristischen Straßen durchzieht das gesamte Elsass.

enden ganzjährig geschl. www.pointdorgue. eu). Pflicht für alle, die sich für technische Meisterwerke interessieren, ist das Schiffshebewerk (Plan Incliné; 1969) bei **Saint-Louis/Arzviller** (18 km westl.). Schiffe überwinden mit diesem Aufzug über eine schiefe Ebene innerhalb von 4 Min. 45 Höhenmeter (www.plan-incline.com; Besichtigung April–Okt. tgl. 10.00–17.00, Juli/Aug. bis 18.00 Uhr; aktuelle Hinweise auf der Webseite beachten!).

HOTEL

€€ **Au Chasseur** ist ein im Vogesen-Vorland ruhig gelegenes Hotel mit Wellness und guter Küche (7, Rue de l'Église, 67440 Birkenwald, Tel. 03 88 70 61 32, www.chasseurbirkenwald.com).

INFORMATION

Office de Tourisme du Pays de Saverne et sa Région, 37, Grand'Rue, 67700 Saverne, Tel. 03 88 91 80 47, www.tourisme-saverne.fr

⑤ Haguenau

Im 12. Jh. soll Haguenau (34 800 Einw.) eine der liebsten Pfalzen der Staufer gewesen sein. Heute kennt man die Gegend als Umschlagplatz für Hopfen und als Spargelanbaugebiet.

SEHENSWERT

Weit über 40 Türme soll die um 1300 errichtete **Stadtmauer** einst besessen haben. Geblieben sind nur Ritter- und Fischerturm sowie Weißenburger Tor. In der romanisch-gotischen **Kirche Saint-Georges** (12./13. Jh.) hängen die ältesten Glocken Frankreichs (1268).

MUSEEN

Volkskunst, Trachten und Handwerk zeigt im über 500 Jahre alten Bau das **Elsässische Museum** (Musée Alsacien; 1, Place Joseph Thierry; Juli–Mitte Sept. Mi.–So. 10.00–12.30, 13.30–17.30, Mitte Sept.–Juni nur 14.00–17.30 Uhr). Das **Musée Historique** informiert über die Ortsgeschichte (9, Rue du Maréchal Foch ; bis 2021 wg.Umbau teilweise geschlossen).

AKTIVITÄTEN

Exkursionen zu Fuß oder im Nachen starten am CINE Naturschutzzentrum Maison de la Nature du Delta de La Sauer (Munchhausen, 42, Rue du Rhin, www.nature-munchhausen.com; Mo. bis Fr. 8.30–12.30, 13.30–17.30 Uhr).

HOTEL/RESTAURANT

Außerhalb bietet das **€ Europe Hôtel** alle Annehmlichkeiten eines modernen Hauses. Im Restaurant „Chez Ernest" wird gute Elsässer Küche serviert (15, Av. Professeur Leriche, Tel. 03 88 93 58 11, www.europehotel.fr).

UMGEBUNG

Betschdorf und **Soufflenheim** gelten als Zentren elsässischer Töpferkultur (Poteries artisanales). Anfang Sept. kann man sich auf dem Töpfermarkt in Soufflenheim mit Gugelhupf- und Auflaufformen eindecken. Schnäppchenjäger zieht es nach **Roppenheim** (24 km östl.) ins Outlet-Center, das im Stil eines elsässischen Dorfes gestaltet wurde (Mo.–Sa. 10.00–19.00 Uhr).
In **Sessenheim** (früher Sesenheim), Schauplatz der Romanze zwischen Johann Wolfgang von Goethe und Friederike Brion, erinnert das Mémorial Goethe (1, Rue Frédérique Brion; tgl. 9.00–18.00 Uhr) an den Dichterfürsten. Die „Auberge au Bœuf" lockt mit Sterneküche und einer Goethe-Sammlung (€€€, 1, Rue de l'Église, Tel. 03 88 86 97 14, www.auberge-au-boeuf.com; Ruhetage Mo., Di.).

INFORMATION

Office de Tourisme, 1, Place Joseph Thierry, 67500 Haguenau, Tel. 03 88 06 59 99, www.tourisme-haguenau-potiers.com

---

Genießen   Erleben   Erfahren

DuMont Aktiv

Elsass ahoi!

Ferien auf dem Hausboot, das heißt: einen Gang zurückschalten, sich der Strömung überlassen, auf dem Wasser übernachten, Sehenswertes aus neuem Blickwinkel erleben. Viele Wasserläufe im Elsass lassen sich so bereisen. Ein interessantes Revier ist der Rhein-Marne-Kanal zwischen Réchicourt und Straßburg.

Keine Angst vor Bootsabenteuern! Das Ziel ist nicht zu verfehlen, und schwer zu handhaben ist so ein Gefährt auch nicht. Nur das Anlegen erfordert anfangs Übung, und auch vor der ersten Schleuse steigt der Puls. In kurzer Zeit meistert man all dies aber mit links.

Höhepunkt der Fahrt auf dem Rhein-Marne-Kanal ist das Schiffshebewerk Saint-Louis/Arzviller. Die Schiffe machen in einem riesigen Wassertrog fest und werden per Schrägaufzug rund 45 Meter hinunter- (bei der Rückfahrt hinauf-) befördert. Das Spektakel, das stets viele Zuschauer anzieht, dauert rund 20 Minuten. Anschließend steuert man durchs landschaftlich herrliche Zorn-Tal mit seinen Burgruinen Saverne entgegen. Dort liegt der Hafen direkt vis-à-vis dem Château des Rohan. Auch der Zielhafen in Straßburg befindet sich mitten in der Stadt. Straßburg muss jedoch nicht Endstation sein: Man kann dieselbe Strecke auch zurückschippern oder rheinaufwärts fahren.

Hausbootvermietung
Ab ca. 1000 €/Woche; die Mietpreise variieren stark, je nach Termin und Bootsausstattung. Anbieteradressen über: Tourist-Information Unterelsass, 4, Rue Bartisch, 67100 Strasbourg, Tel. 03 88 15 45 80, www.tourisme-alsace.com

Strecke
Réchicourt–Straßburg 86 km, 35 Schleusen, 2 Tunnel, reine Fahrtzeit ca. 28 Std.

Vorschriften
Ein Führerschein ist in der Regel nicht nötig. In Straßburg sind 15 km Wasserwege für Mietboote erlaubt. Petite France zählt nicht dazu!

Nach kurzer Eingewöhnungszeit steuern Urlauber ihr schwimmendes Domizil ganz entspannt.

Eine Hauptstadt Europas

Im Europaviertel im Norden zeigt Straßburg ein modernes Gewand. Das touristische Herz schlägt im ehemaligen Gerberquartier La Petite France. Zentrum und Seele der Stadt aber ist das Münster, dessen Turm sich als steinerner Zeigefinger über die Rheinebene erhebt und darauf hinweist: Hier war und ist ein Treffpunkt Europas.

In der Bar „Aubette" an der Place Kléber gibt sich Straßburg international kühl.

Das Münster ist Straßburgs größte
Sehenswürdigkeit (rechts). Die Westfassade
wird von herrlichen Figuren wie den klugen und
törichten Jungfrauen geschmückt (ganz oben).
Der „Christ de Wissembourg", eines der ältesten
erhaltenen Bleiglasfenster Frankreichs, ist im
Notre-Dame-Museum zu bewundern.

Der Ursprung der Kirche Saint-Pierre-le-Jeune protestant liegt im 7. Jahrhundert.
Heute wird sie vor allem für ihre Malereien im gotischen Kirchenschiff gerühmt.

„Wie oft bin ich zurückgekehrt, von allen Seiten, aus allen Entfernungen, in jedem Lichte des Tags zu schauen seine Würde und Herrlichkeit!"

Goethe über das Straßburger Münster

Einer der heißesten Tage des Jahres geht zu Ende. Die Sonne ist hinter den Vogesen verschwunden, die Hitze hängt noch schwer in den Altstadtgassen von Straßburg. Vor dem „Amorino", das mit dem „Christians" um den Rang der besten Eisdiele der Stadt wetteifert, hat sich eine lange Schlange gebildet, und vor der Maison Kammerzell werden die Menüs studiert.

Auf dem Münsterplatz herrscht noch immer dichtes Gedränge. Trotzdem packen die Straßenmusikanten ihre Instrumente zusammen, denn mit Einbruch der Dunkelheit beginnt hier, wie jeden Abend im Juli und August, die ganz große Show. Von Musik untermalt, flirren Strahler und Laser über die Westfassade des Münsters, färben Türmchen, Durchbrüche und Säulen rot, gelb und orange. Das „steinerne Spitzentuch", wie die vorgeblendete Maßwerkfassade der gotischen Kathedrale auch genannt wird, entflammt in einer Tiefe, die bei Tageslicht nie zu sehen ist. Staunen breitet sich aus, Überwältigung, fast schon Andacht.

Wie muss dieses Meisterwerk der gotischen Baukunst erst vor 500 Jahren gewirkt haben, als der Bau zwanzigmal höher war als die üblichen strohgedeckten Katen? Glanzvoller, strahlender und eindrucksvoller als jedes andere von Menschenhand geschaffene Werk. Mit gestaffelten steinernen Bögen, gekrönt von Hunden und wasserspeienden Kobolden, geziert von Königen, Kaisern, Aposteln, Heiligen und Engeln. Mit einer Westrosette, durch deren Glasfenster sich das Licht in herrlichsten Farben brach. Der Turm ein 142 Meter hohes Loblied auf den Schöpfer.

Die zeitliche Dimension ist nicht weniger kolossal: Im Jahr 2015 wurde das Liebfrauenmünster rauschend gefeiert. 1000 Jahre waren seit der Grundsteinlegung vergangen.

Hoch hinaus

Als Johann Wolfgang von Goethe 1770 in Straßburg eintraf, erklomm er sofort das Münster, damals das höchste Gebäude der Welt. Die Begeisterung, die den Studenten in luftiger Höhe beim Blick auf die Stadt überkam, ist leicht nachzuvollziehen – sofern man selbst den Gang hinauf auf die Münsterplattform wagt. Eine steile, enge Wendeltreppe führt zur Aussichtsplattform in 66 Meter Höhe. Auf einer Bank verschnaufen Erschöpfte, an Absicherungsgittern drängeln Schaulustige, atemberaubend die Aussicht. Schwarzwald und Vogesen setzen dem Horizont blaugrüne Grenzen, und direkt unterhalb entfaltet sich das Gewirr der Altstadt. Allerliebste

„La Petite France" mit Geranien, Fachwerk und den Ill-Kanälen ist das von Touristen bevorzugte Straßburg. Das älteste Gebäude des Viertels, einst das Gerberhaus „Maison des Tanneurs", dient heute als Restaurant und nennt sich nicht zu Unrecht auch Haus des Sauerkrauts.

Dachgärtchen offenbaren sich aus der Vogelperspektive. Fachwerkhäuser und Gassen sehen aus, als wäre die Zeit stehen geblieben. Dort unten wirkten einst die hellsten Köpfe und Künstler ihrer Zeit: die christlichen Mystiker Meister Eckhart und Johannes Tauler oder der begnadete Buchdruck-Erfinder Johannes Gutenberg. Orgelbauer Andreas Silbermann hatte hier seine Werkstatt, Goethe durchlebte anderthalb bewegte Studentenjahre, Mozart verzauberte die Straßburger mit seinen Kompositionen. Doch die Gegenwart holt den Betrachter rasch wieder ein. Kräne und Hochhaussiedlungen und das wie eine abgebrochene Zinne wirkende Europaparlament drängen sich in den Blick. Die Zeit blieb auch hier nicht stehen.

Viertel der Verführungen

Straßburg ist eine Stadt für Flaneure – das von den Kelten auf einer Ill-Insel gegründete „Argentoratum", heute Welterbestätte der Unesco, lässt sich bestens zu Fuß erkunden. Die meisten Besucher beginnen im Münsterviertel. Ringsum liegen die Feinkostgeschäfte dicht an dicht. Patisserien locken mit zarten *tartelettes*, *petit fours* und luftig-leichten

Straßburg ist eine Stadt für Flaneure.

Meringen, es duftet nach elsässischen *terrines* und *patés*, auch die Fülle der „Winstubs" und Brasserien bremsen den Tatendrang aufs Angenehmste.

Über die Place Gutenberg führt der Weg ostwärts. Wo sich die Ill in vier Arme teilt, liegt „La Petite France" mit Fachwerkhäuschen, Mühlen, kopfsteingepflasterten Gassen, Blumen und Brücken. Der Name des einstigen Gerberviertels hat seinen Ursprung, wenig romantisch, in der „Franzosenkrankheit", der Syphilis also. Stand das gesamte Areal doch in einem denkbar schlechten Ruf. Aber wen kümmert's heute? Zu schön ist es, sich mit dem Boot durch das

Straßburgs Nachtleben: Im „Barco Latino" am Ill-Seitenarm Fossé du Faux Rempart oder im „La Corde à Linge" im Gerberviertel (ganz oben) – oder auf einen Flammkuchen im „Flamme & Co." (oben rechts). Auf dem Münsterplatz spielt die Musik dazu.

Im Schatten des Münsters liegt die „Maison Kammerzell", die tagsüber durch ihr prachtvolles Fachwerk beeindruckt und am Abend zur gastlichen Stätte wird.

> „So gibt es manche in unserer Straße, die irgendeine verlassene Heimat mit sich herumtragen."

Barbara Honigmann, „Chronik meiner Straße"

malerische Viertel schippern zu lassen oder unter den opulenten Weiden und Platanen am Flussufer einen Apéritif zu sich zu nehmen.

Zurück zum Münsterplatz führt der Weg über die weitläufige Place Kléber, auf der zur Weihnachtszeit alljährlich einer der schönsten Christbäume ganz Frankreichs strahlt. Kein Passant denkt mehr daran, dass hier während der Französischen Revolution die Guillotinen zischten, von 1940 bis 1944 Hakenkreuzfahnen flatterten und Hitlers Helfer das Elsass „heim ins Reich" holten. Bis 1648 hatte das Elsass 700 Jahre zum Deutschen Reich gehört. Noch viermal zerrten Deutschland und Frankreich die Re-

gion hin und her. Zwischen 1871 und 1918 hatte mal wieder Deutschland die Oberhand – dieser Episode verdankt Straßburg sein „Wilhelminisches Viertel" mit repräsentativen Prachtbauten rund um den Kaiserplatz, heute Place de la République. Die Kontakte zur anderen Seite des Rheins sind längst wieder prächtig. Mittlerweile wird sogar eine Straßenbahn von Straßburg ins deutsche Kehl gebaut.

Das Europaparlament tagt

1949 wurde in Straßburg der Europarat gegründet. Seit 1959 ist Straßburg Sitz des Europäischen Parlaments, das rund 500 Millionen Einwohner vertritt und

Allein die Museen sind einen Besuch in der
Europastadt wert: Königssaal im Palais Rohan,
Museum für moderne und zeitgenössische
Kunst – hier mit Werken von Pablo Picasso
(l.) und Michel Larionov (r.) – oder Tomi-
Ungerer-Museum (im Uhrzeigersinn).

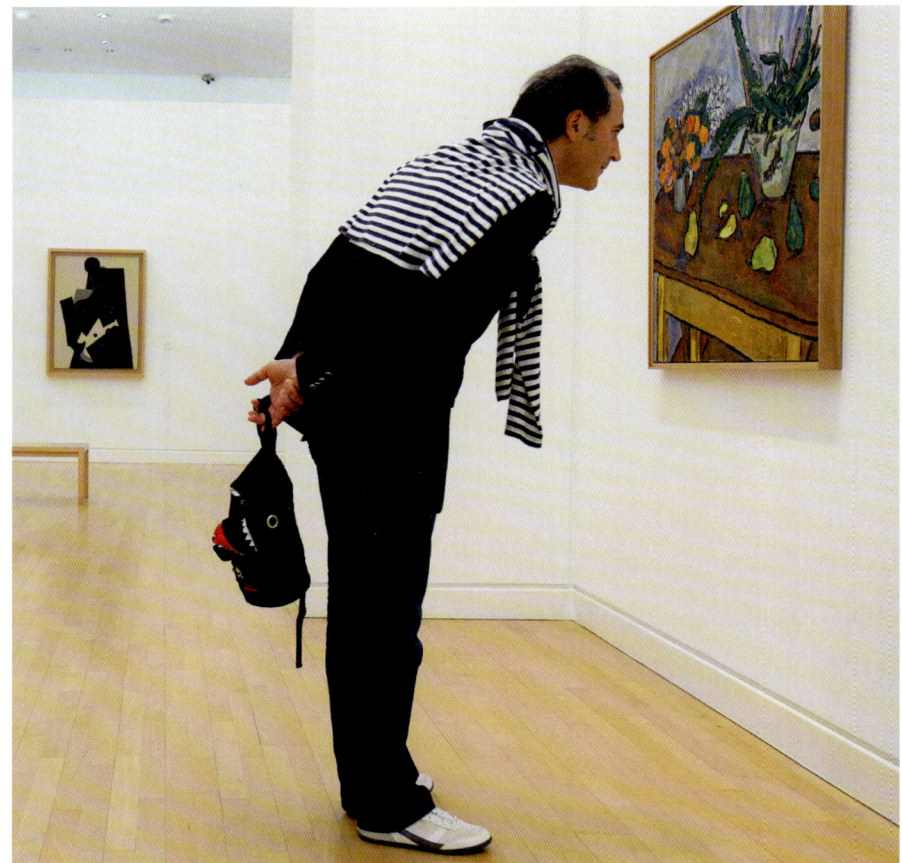

An der Place Kléber treffen drei architektonische Zeitalter der Stadt aufeinander:
elsässisches Fachwerk, wilhelminische Gründerzeit und französischer Neoklassizismus.

Tomi Ungerer

Special

Mit zugespitzter Feder

....

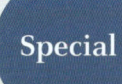

Tomi Ungerer gilt den einen als genialer Schriftsteller und Zeichner, den anderen als Enfant terrible.
Am 28. November 1931 wird Jean Thomas Ungerer in Straßburg geboren. Sein Kunststudium bricht der Uhrmachersohn ab, um mit 60 Dollar in der Tasche nach New York zu gehen, wo er zunächst als Werbegrafiker seine Brötchen verdient. Entlarvende Cartoons über die New Yorker Schickeria nehmen die Amerikaner ihm krumm: Viele seiner freizügigen Werke werden aus amerikanischen Bibliotheken verbannt. Ungerer hat die halbe Welt bereist und sich in Irland niedergelassen – mit Atelierwohnung in seiner Heimatstadt. Sein Werk changiert zwischen liebenswerten Kinderbüchern und zugespitzter Satire, frechen Karikaturen einer dekadenten Gesellschaft und erotischen Zeichnungen. Spätestens seit 2007, als Straßburg ihm ein Museum widmete, ist der „Elsässer und Europäer" in der bürgerlichen Welt angekommen.

somit das größte multinationale Parlament der Welt ist. Hier stellen die 28 Mitgliedsländer der Europäischen Union die Weichen für Regelungen, die bis tief in nationale Gesetzgebungen hineinwirken. Ursprünglich sollte Luxemburg Sitz des Parlaments werden. Doch weil dort keine ausreichend großen Räume verfügbar waren, mietete man sich vorübergehend in den Räumen des Europarats in Straßburg ein – und blieb, wenn auch nicht zur Untermiete. Längst ist im Norden der Stadt ein modernes EU-Viertel hochgezogen worden.

Straßburg steht aber auch für EU-Irrsinn. Zwar tagt hier zwölfmal im Jahr das Europäische Parlament, doch haben die Ausschüsse und Fraktionen ihren Sitz in Brüssel. Das löst jeweils eine kleine Völkerwanderung aus: 766 Abgeordnete ziehen mit über 3000 Büro- und Verwaltungsmitarbeitern von Brüssel ins Elsass, begleitet von neun Sattelschleppern voller Akten. Der Preis: 155 Millionen Euro pro Jahr plus 20 000 Tonnen CO_2-Ausstoß, eingerechnet der Betrieb eines Gebäudes, das die meiste Zeit des Jahres leer steht. Die Stimmen mehren sich, diesen Wanderzirkus abzuschaffen und sich endlich zwischen Brüssel und Straßburg zu entscheiden – was nicht jeder zwischen Ill und Rhein ohne Bangen hört.

STRASSBURGER MÜNSTERBAUHÜTTE

Handlanger der Ewigkeit

Der Zahn der Zeit, Steinfraß und andere Widrigkeiten setzen dem Straßburger Münster zu. Dem gebietet die Münsterbauhütte seit bald 800 Jahren Einhalt.

Was im Planungsbüro detailliert erarbeitet wird, setzt der Steinmetz kunstfertig um.

Straßburg feierte 2015 ein großes Jubiläum: Im Jahre 1015 wurde der Grundstein für das Münster gelegt. Dass der Bau überhaupt noch steht, ist alles andere als selbstverständlich. Setzten einst Blitzschlag, Revolutionen und Kriege dem Münster zu, macht heute vor allem die Umweltverschmutzung den Fassaden, Skulpturen und Wasserspeiern, dem Maßwerk und den Verstrebungen, kurz: allen Sandsteinelementen, zu schaffen.

Der emsige Gegenspieler des Zerfalls ist die Münsterbauhütte L'Œuvre Notre-Dame. Ihr obliegt – urkundlich verbrieft seit 1224/1228 – ein Großteil der Bau- und Instandhaltungsarbeiten am Straßburger Münster, und das bis zum heutigen Tag. Eine Kontinuität, die einmalig ist in Frankreich.

Rost und Steinfraß

Nur scheinbar wirkt das Münster wie für die Ewigkeit gebaut. Zerfallserscheinungen sind oft schon mit bloßem Auge erkennbar. Manche Oberflächen wirken wie mit schorfigen Wunden überzogen. Der Steinfraß zeigt sich in immer gleicher Weise: Regenwasser dringt in den durchlässigen Sandstein ein und hinterlässt beim Verdunsten Salze, die eine chemische Reaktion in Gang setzen. Erst platzen einzelne Schichten ab, dann zerfällt der ganze Stein. Saurer Regen, Algenbefall und Taubenkot beschleunigen den Prozess.

Anderes ist von außen gar nicht sichtbar, etwa, wenn die Blei- und Eisenteile, die seit Jahrhunderten die Bauelemente verbinden, korrodieren und schließlich brechen.

In der Wand

Jeden Morgen um sechs Uhr beginnen die Steinmetze, Bildhauer, Schmiede, Schreiner sowie die Auszubildenden der Münsterbauhütte ihre Arbeit. Und das nicht ohne Stolz, stehen sie doch in der Tradition der berühmtesten Bauhütte des Abendlandes, lange Zeit tonangebend im Kathedralenbau.

Heute steht der Erhalt des Geschaffenen im Vordergrund. Generalstabsmäßig ist die Arbeit in Zehnjahresplänen organisiert. So werden seit 2012 die Fassaden des Südquerhauses einer umfangreichen Restaurierung

Modernste Materialien kommen
zum Einsatz, um angegriffenen
Sandstein zu festigen.

unterzogen. Ein Gerüst markiert den Arbeitsort. Doch nicht alle Bereiche des 142 Meter hohen komplizierten Bauwerks lassen sich ohne Weiteres einrüsten. Wo die Gerüstbauer kapitulieren, müssen die Steinmetze Bergsteigerqualitäten beweisen und sich in die „Münsterwand" abseilen. Vier von ihnen haben dazu eigens eine Alpinistenausbildung absolviert.

Entspannter arbeitet es sich vom Gerüst aus. In Ruhe begutachten die Experten schadhafte Steine, entnehmen sie und schaffen sie zur Restaurierung in die Werkstatt gegenüber. Ziel ist es, die Originalsubstanz zu er-

Jeden Morgen um sechs Uhr beginnen die Steinmetze, Bildhauer, Schmiede und Schreiner ihre Arbeit.

Im Musée de l'Œuvre Notre-Dame werden Kunstwerke aus vielen Jahrhunderten gezeigt.

halten oder zumindest den ursprünglichen Zustand genau wiederherzustellen. Alte Baupläne, Skizzen, Zeichnungen oder Fotos – der Schatz des Münsterbauarchivs –, Gipsabgüsse der Skulpturen sowie moderne 3D-Vermessungen erlauben es, mit geradezu chirurgischer Präzision vorzugehen.

Die Balance zwischen Alt und Neu durchzieht alle Arbeiten. So werden in den Werkstätten alte Handwerkstraditionen sorgfältig gepflegt. Gleichzeitig sind die Arbeitsbedingungen technisch auf der Höhe der Zeit. Berufskrankheiten wie Staublunge, Tuberkulose oder Wirbelsäulenschäden treten heute nicht mehr auf.

Auch werden neue Materialien eingesetzt. Zwar verwenden die Handwerker Kalkmörtel zum Steinesetzen, wie im Mittelalter. Aber für begrenzte Reparaturarbeiten nehmen sie heute einen Restaurierungsmörtel, der dem Sandstein farblich angepasst wird.

Das alles will bezahlt sein. In weiser Voraussicht hat die Münsterbauhütte schon vor Jahrhunderten fürs notwendige Kapital gesorgt. Häuser und Grundbesitz in 125 Elsässer Gemeinden, dazu tausend Hektar Weinberge und Wälder verschaffen der Bauhütte den finanziellen Spielraum, der nötig ist für den Kampf gegen den Zahn der Zeit.

Münsterbauhütte

....

Beschäftigte
Die Münsterbauhütte hat 32 Mitarbeiter, darunter 10 Steinmetze, 3 Bildhauer und 2 Versetzer. Außerdem gehören Steinschneider, Schreiner, Schmiede, Lehrlinge, Wandergesellen, Kunsthistoriker und technische Zeichner zum Team.

Finanzen
Den Jahresetat in Höhe von 3,2 Millionen Euro deckt die Fondation de l'Œuvre Notre-Dame aus Immobilien, Eintrittsgeldern und Subventionen der Stadt Straßburg.

Besichtigung
Führungen Di. und Do., nur nach Absprache.
Ateliers de la Cathédrale, 6, Rue des Cordiers, Tel. 03 68 98 74 45

Zehn Steinmetze kämpfen in der Münsterbauhütte gegen den Verfall.

Wer die aus konservatorischen Gründen aus dem
Münster ausgelagerten Skulpturen im Original sehen
will, sollte ins Musée de l'Œuvre Notre-Dame gehen.

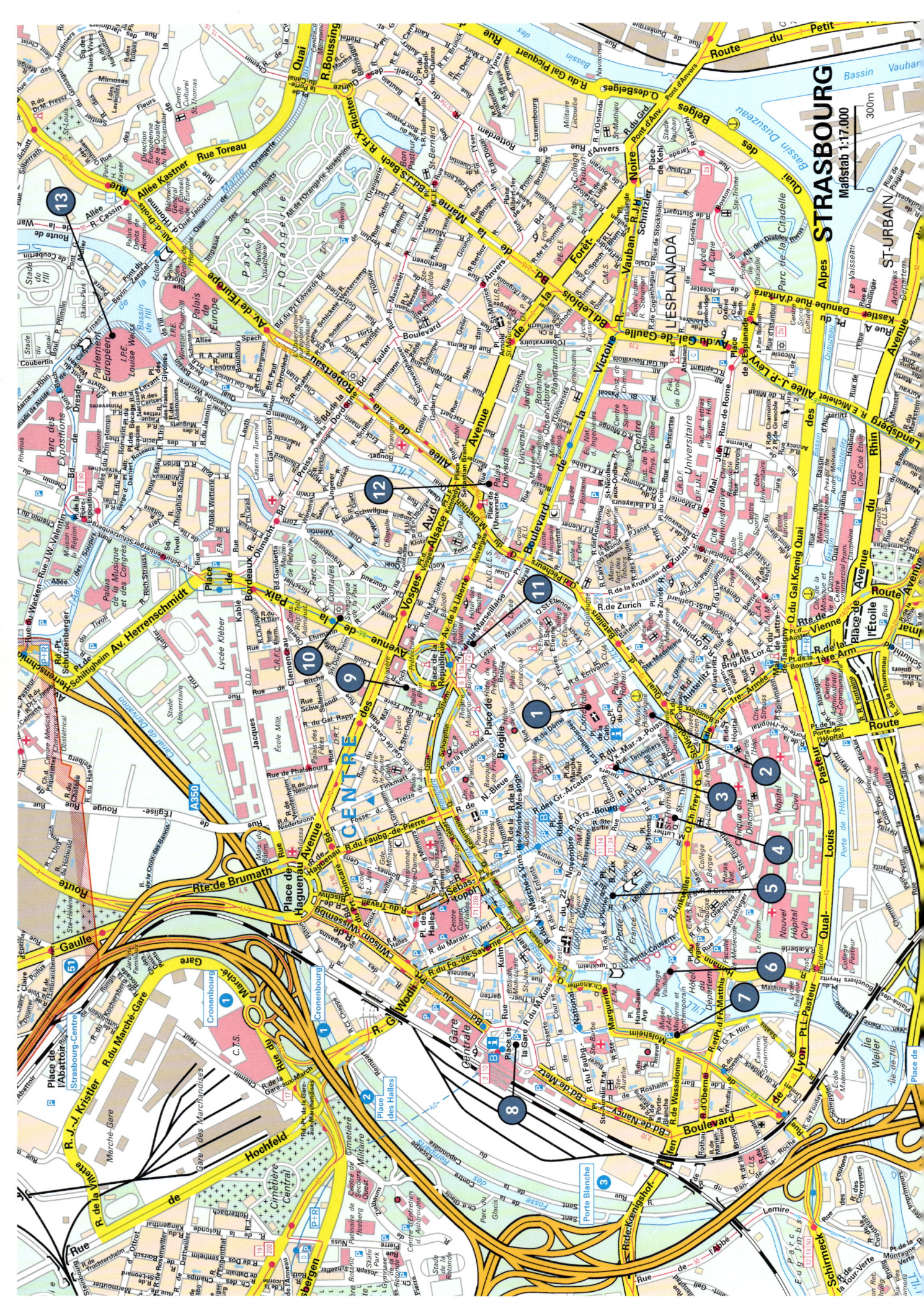

Mit Herz für Europa

Bedeutende Museen und Kultureinrichtungen sowie die frische Atmosphäre, die dem internationalen Publikum und den vielen jungen Menschen zu verdanken ist, machen die Stadt an der Ill zum lohnenden Reiseziel. Am schönsten ist es im Spätsommer, wenn bis weit in den Abend hinein Leben in der Altstadt herrscht.

Allgemein

Die römische Militärstadt Argentoratum, auf keltischen Vorgängersiedlungen gegründet, wird heute gern Carrefour de l'Europe genannt, der Schnittpunkt Europas. Straßburg/Strasbourg (277 000 Einw.) ist die Hauptstadt des Département Bas-Rhin.

PARKEN, VERKEHR UND MEHR

Fast aus allen Ecken der Altstadt wurde der Verkehr verbannt, eine Wohltat für Bewohner und Besucher. Große **Parkplätze** befinden sich an der **8** Place de la Gare, **3** Place Gutenberg und in **7** Petite France Sainte-Marguerite. An So. und Fei. ist Parken kostenfrei. Die futuristische **Straßenbahn,** ein Markenzeichen der Stadt, bringt jedermann rasch von A nach B (4.30–0.30, So. ab 5.30 Uhr; Fahrkartenautomaten an den Haltestellen, www.cts-strasbourg. eu). 500 km **Radwege** durchziehen die Stadt und kommen dank **Radverleih** „Vélocation" auch Touristen zugute (www.velhop.stras bourg.eu; 6 €/Tag). Öffentliche **Toiletten** sind kostenlos und gepflegt. Eine befindet sich auf der Südseite des Münsters an der Place du Château, weitere sind im kostenlosen Stadtplan der Tourist-Information eingezeichnet.

STADTBESICHTIGUNGEN

Touren vermittelt die Tourist-Information. Am Münster startet die **Mini-Tram** zu einer 40-Min.-Rundfahrt (halbstdl., Mai–Sept. ab 10.00, April, Okt. ab 10.30, Winter ab 11.00 Uhr).

Blick vom Münsterturm auf das Häusergewirr um die Place des Tripiers; futuristische Straßenbahn; Brücke ins Viertel La Petite France

Besonders interessant ist eine Fahrt im **Glasdach-Boot** auf der Ill rund um die Stadt (ca. 70 Min.; Anlegestellen Palais Rohan, Port Autonome de Strasbourg; Infoshop: Batorama, 18, Place de la Cathédrale, www.batorama. com). Wer auf eigene Faust losziehen möchte, kann dies mit einem **Audio-Guide** tun, der bei der Tourist Information für 5,50 € erhältlich ist.

INFORMATION

Office de Tourisme de Strasbourg et sa Région, 17, Place de la Cathédrale, 67082 Strasbourg, Tel. 03 88 52 28 28, www.otstrasbourg.fr

Sehenswert

ALTSTADT

Das Stadtzentrum ist seit 1988 Unesco-Welterbe, mit dem **1** **Münster** **TOPZIEL** (Cathédrale de Strasbourg; 1015–1176) in der Mitte. Chor und Krypta stammen vom frühromanischen Vorgängerbau. Die Fertigstellung des Nordturms (142 m) markierte 1439 das vorläufige Ende der Bauzeit, der Südturm wurde nicht mehr ausgeführt. Grandios ist das 66 m hohe Westportal, gerahmt von einer filigranen

Fassade. Die 16-teilige Fensterrose hat einen Durchmesser von 15 m! Die Skulpturen am linken Fassadenportal zeigen den Triumph der Tugenden über die Laster, am rechten Portal stehen die Klugen und Törichten Jungfrauen aus dem biblischen Gleichnis. Mittig die Passion Christi, darüber ansteigend zunächst die Apostelgalerie, dann Engel und das Weltgericht. Zwei Figuren, die in ihrer Ausdrucksstärke ohne Beispiel sind: Kirche und Synagoge (um 1230) am Südportal. Die Originale der allegorischen Statuen stehen gegenüber im Musée de l'Œuvre Notre-Dame (siehe Museen). Im Inneren eröffnet sich der ganze Zauber einer gotischen Kathedrale: die erhebende Architektur, 70 mittelalterliche Glasfenster, die Westrosette und die vielen Ausstattungsdetails, darunter der berühmte Engelspfeiler (um 1230) im südl. Querhaus, die Steinkanzel (1486) im Flamboyantstil und die Schwalbenschwanz-Silbermann-Orgel von 1716 (Kathedrale tgl. 9.30 bis 11.15, 14.00–17.45, So. 13.00–17.30 Uhr, Aussichtsplattform auf dem Südsockel April–Sept. tgl. 9.30–19.30, sonst 10.00–17.30 Uhr). Die astronomische Uhr ist tgl. um 12.30 Uhr in Aktion (frühzeitig Tickets besorgen und für den Einlass am Südportal ab 11.20 Uhr anstellen, oft lange Schlangen!).

Schräg gegenüber dem Westportal steht ein beeindruckendes spätgotisches Fachwerkhaus mit Tausenden Butzenscheiben, die **Maison Kammerzell** (Rue des Hellebardes), 1589 von einem Kolonialwaren- und einem Käsehändler erbaut.

Am Anfang der Rue Mercière steht Frankreichs älteste Apotheke (Pharmacie du Cerf; 1268). Folgt man der Straße weiter, gelangt man auf die ❸ **Place Gutenberg** mit dem Gutenberg-Denkmal. Der Erfinder (um 1400–1468) des Buchdrucks lebte von 1434 bis 1444 in Straßburg.

Zweitgrößte Kirche der Stadt ist die protestantische ❹ **Thomaskirche** (gotisch, 12.–15. Jh.) an der Rue Martin Luther mit einem der Hauptwerke der barocken Bildhauerei, dem Grab des Marschalls Moritz von Sachsen (um 1770). Hörenswert ist die Silbermann-Orgel (1741).

LA PETITE FRANCE

Sehr lauschig zeigt sich das frühere Gerberviertel (Quartier des Tanneurs) mit seinen renovierten Fachwerkhäusern aus dem 16.–18. Jh. Das älteste ist das ❺ **Gerberhaus** (Maison des Tanneurs; 42, Rue Bain aux Plantes) von 1572. Mächtige Türme zeigen die einst gedeckten **Brücken** (Ponts Couverts) an. Ebenfalls sehr fotogen: das ❻ **Ill-Wehr** gegenüber (Barrage de Vauban; 1681) mit seiner Aussichtsterrasse aus den 1960er-Jahren.

NEUSTADT

Nordöstlich der Altstadt erstreckt sich die Wilhelminische Neustadt. Das ❾ **Palais du Rhin** an der Place de la République war 1883–1888

Süße Köstlichkeiten in der Pâtisserie Christian; astronomische Uhr im Münster; Europäischer Gerichtshof für Menschenrechte

rope, wo seit 1977 der Europarat (Conseil de l'Europe) tagt, und dem **Palais des Droits de l'Homme** (1995), Sitz von Europäischer Menschenrechtskommission und Europäischem Gerichtshof für Menschenrechte. Das ⓫ **Parlement Européen** tagt in einem 1999 fertiggestellten Bau (Besichtigung siehe DuMont Aktiv S. 59). Parlamentarier und Zaungäste entspannen während der Sitzungspausen im Parc de l'Orangerie, der einen gewöhnungsbedürftigen Tiergarten unterhält.

Museen

Ein unehelicher Sohn König Ludwigs XIV., Bischof Armand-Gaston de Rohan-Soubise, lebte nicht schlecht, wie ein Blick in die *grands appartements* nach Versailler Vorbild im ❶ **Palais Rohan** zeigt. Weiter befinden sich heute unter dem Dach des monumentalen spätbarocken erzbischöflichen Palais (1731 bis

Residenz Kaiser Wilhelms I. Mitten auf dem Platz, den Verwaltungsgebäude säumen, steht ein Kriegerdenkmal von 1936, das eine Mutter mit ihren beiden Söhnen zeigt: der eine fällt für Frankreich, der andere für Deutschland – was die Zerrissenheit des Elsass thematisiert.

Die ❿ **Friedenssynagoge** (Synagogue de la Paix) im Parc des Contades wurde 1955 an der Stelle neu errichtet, wo die von den Nationalsozialisten 1940 zerstörte Synagoge stand. Am Ostende der Avenue de la Liberté befindet sich der ⓬ **Universitätspalast** (1884; Palais de l'Université). Jenseits der Place de l'Université liegt der **Botanische Garten** (Jardin Botanique), eine grüne Lunge mitten in der Stadt (März/April, Sept./Okt. 14.00–18.00, Mai bis Aug. bis 19.00, Nov.–Mitte Dez. bis 16.00 Uhr).

EUROPAVIERTEL

Gut mit der Tram zu erreichen ist das Europaviertel im Nordosten mit dem **Palais de l'Eu-**

1742) drei Museen: **Archäologisches Museum** (Musée Archéologique), **Kunstgewerbemuseum** (Musée des Arts Décoratifs) und **Kunstmuseum** (Musée des Beaux-Arts; alle 2, Place du Château; Mi.–Mo. 10.00–18.00 Uhr). Sehr zu Unrecht führt das ❶ **Frauenhaus-Museum** (Musée de l'Œuvre Notre-Dame) ein Mauerblümchendasein, denn hier kommt man den gotischen Skulpturen des Münsters richtig nahe, u. a. „Synagoge und Ecclesia" sowie zahlreiche weitere beeindruckende Kunstwerke des Elsass. Höhepunkte sind auch der „Christ de Wissembourg", ein romanisches Glasfenster (um 1150), und die gefühlvollen Skulpturen des Nikolaus von Leyden (1430–1473) und seiner Künstlerkollegen. Die Werke zeigen, welch hohen kulturellen Rang Straßburg während Mittelalter und Renaissance einnahm (3, Place du Château; Di.–So. 10.00–18.00 Uhr).

Das südlich der Ill gelegene ❷ **Historische Museum** (Musée Historique de Strasbourg) er-

öffnete 2013 seine deutlich erweiterte Ausstellung, eine umfassende Schau rund um die spannende, wechselhafte Stadtgeschichte Straßburgs vom Mittelalter bis in die Gegenwart (2, Rue du Vieux Marché aux Poissons; Di.–So. 10.00–18.00 Uhr). Der Volkskultur mit Trachten, Keramik und Alltagsgegenständen widmet sich das ❷ **Elsässische Museum** (Musée Alsacien; 23, Quai Saint-Nicolas; Mi. bis Mo. 10.00–18.00 Uhr).

Das ❼ **Museum für Moderne Kunst** (Musée d'Art Moderne et Contemporaine, MAMCS) ist auf die Kunst des 20. Jh. fokussiert (1, Place Hans Jean Arp; Di.–So. 10.00–18.00 Uhr).

Das ⓫ **Tomi Ungerer Museum** (Centre International de l'Illustration) bietet einen vergnüglich-nachdenklichen Überblick über das Schaffen des elsässischen Illustrators (2, Av. de la Marseillaise; Mi.–Mo. 10.00–18.00 Uhr). Internetpräsenz aller genannten Museen: www.musees.strasbourg.eu

Einkaufen

Der Ruf als Feinschmeckerdorado und Einkaufsmetropole eilt Straßburg stets voraus. Feine Torten, Gebäck und Konfekt bietet die „Maison Naegel" (9, Rue des Orfèvres, Di.–Do. 8.30–18.30, Fr., Sa. ab 8.00 Uhr). Chocolatier Christian ist mit seinen erstklassigen Trüffeln und anderen Köstlichkeiten mit zwei Filialen vertreten (12, Rue de l'Outre und 10, Rue Mercière). Käsespezialitäten gibt es bei der „Fromagerie La Cloche à Fromage Tourette" (32, Rue des Tonneliers; Mo. 10.00–12.15, 14.30 bis 19.00, Di.–Fr. 9.00–19.00, Sa. 8.00–18.30 Uhr). Der kleine, aber schönste Bauernmarkt findet samstags von 7.00 bis 13.00 Uhr unterhalb des Palais Rohan statt (Place du Marché aux Poissons). Die langen Schlangen in der Rue du Mercière Nr. 11 weisen auf die Eisdiele

Der Ruf als Feinschmeckerdorado und Einkaufsmetropole eilt Straßburg stets voraus.

Amorino hin. Tgl. von 10.00 bis 23.00 Uhr wird hier Eis verkauft, im Winter Waffeln und Crêpes.

Hotels und Restaurants

HOTELS

Fünf Fachwerkhäuser aus dem 17. Jh. bilden in Münsternähe das moderne bis rustikale €€/€€€ **Beaucour** (5, Rue des Bouchers, Tel. 03 88 76 72 00, www.hotel-beaucour.com). Unmittelbar am Rand der Altstadt authentisch in einem Haus aus dem 17. Jh. übernachten: Das €€/€€€ **Hôtel du Dragon** hat teils winzige Zimmer und keine Klimaanlage (12, Rue du Dragon, Tel. 03 88 35 79 80, www. dragon.fr). Preiswert, gut und einfach wohnt man in der christlichen Begegnungsstätte € **Ciarus**, etwas außerhalb des Zentrums, aber gut mit der Tram zu erreichen. Die Zimmer müssen am Abreisetag um 9.00 Uhr geräumt sein (7, Rue Finkmatt, Tel. 03 88 15 27 88, www.ciarus.com).

RESTAURANTS

Pferde sind im denkmalgeschützten Gestüt unweit von La Petite France längst nicht mehr untergebracht. Heute bietet hier die Brasserie €€/€€€ **Les Haras** eine Küche, die zwischen Tapas, Burgern und elsässischen Spezialitäten angesiedelt ist. Marc Häberlin steht zwar nicht selbst am Herd, hat aber das Konzept entwickelt (23, Rue des Glacières, Tel. 03 88 24 00 00, www.les-haras-brasserie.com).
Eine Institution gleich neben dem Münster ist die €€/€€€ **Maison Kammerzell**. Im schönsten Haus der Stadt speist man hinter Butzenscheiben im historischen Gemäuer oder auf der Terrasse mit Blick auf die Kathedrale. Auch Baeckeoffe wird serviert. Wer bleiben will: Das Haus verfügt über neun Hotelzimmer (16, Place de la Cathédrale, Tel. 03 88 32 42 14, www.maison-kammerzell.com).
Urgemütlich mit viel Holz und gemusterten Tischdecken: Die €/€€ **Winstub Le Clou** serviert elsässische Spezialitäten wie Sauerkraut, Wädele in Pinot Noir oder Fleischkiechele (3, Rue du Chaudron, Tel. 03 88 32 11 67, www. le-clou.com).
Unkompliziert, gut und mit Stil: die €€ **Brasserie Floderer** – eher für Fleischfreunde als für Vegetarier (8, Rue de l'Outre, Tel. 03 88 52 03 03, www.brasserie-flo.com).

Veranstaltungen

Orgelmusik: Klein, aber sehr fein, das Festival des orgues de Strasbourg (Aug.; www.stras orgues.fr).
Mittelaltermusik: Festival Voix et Route Romane (Sept./Okt.; www.voix-romane.com).
Zeitgenössische Musik: Festival Musica (Ende Sept.–Anf. Okt.; www.festivalmusica.org).
Jazz: Festival Jazzdor (Nov.; www.jazzdor.com).
Weihnachtsmarkt: Der berühmte Straßburger „Christkindelsmärik" geht bis auf das Jahr 1570 zurück (1. Advent–23.12.).
Veranstaltungshinweise auf www.otstras bourg.fr

Genießen   Erleben   Erfahren

DuMont Aktiv

Ein Besuch im Europaviertel

In Straßburg haben gewichtige Europa-Institutionen ihren Sitz. Und was tun unsere Abgeordneten dort? Ein Besuch im Europaparlament zeigt es. Doch auch allein schon wegen der Aufsehen erregenden Gebäude ist ein Spaziergang im Europaviertel interessant.

Eine gigantische Glasfront erhebt sich an der Stelle, wo Ill und Rhein-Marne-Kanal zusammentreffen. Am Tage abweisend und spröde, verwandelt sich der 1999 eröffnete Bau des Europäischen Parlaments (Parlement Européen) bei Nacht in ein lichtes Objekt, dessen erleuchtete Fenster sich im Wasser spiegeln. Hinter diesem schützenden Flügel liegt der holzverkleidete Plenarsaal verborgen, wo 750 Abgeordnete in braunen Ledersesseln den Debatten lauschen. Prägend auch der 60 Meter hohe Turm mit 1133 Büros auf 17 Stockwerken, gezackt wie ein abgebrochener Zahn. Der Europäische Gerichtshof für Menschenrechte (Palais des Droits de l'Homme), bereits 1995 bezogen, ist ebenfalls ein Hingucker. Allerdings kann man ihn nur von außen bestaunen, wenn man nicht zum Fachpublikum zählt. 2017 eröffnete das Parlamentarium, das virtuell über die Arbeit des EU-Parlaments informiert.

Ein Ausflug ins EU-Viertel lohnt in jedem Fall, auch ohne Besichtigung des Parlaments. Am besten fährt man mit der Tram E hinaus und spaziert an der Ill entlang.

Einzelbesucher: EU-Parlament ohne Anmeldung ab Eingang (Personalausweis nicht vergessen). Europarat für Einzelpersonen nur nach Voranmeldung. Europäischer Gerichtshof nur für Fachpublikum und Presse.
Gruppen Nur nach Voranmeldung.

Abgeordnete besuchen: Anfrage direkt an das jeweilige Abgeordnetenbüro richten. Eine Auflistung der Parlamentarier findet sich auf www.europarl.europa.eu.

Besuchsdienst: Europäisches Parlament: Tel. 0388 17 40 01, Europarat: Tel. 0388 41 20 29, www.europarl.europa.eu/visiting/de
Parlamentarium: 1, Allée du Printemps, Mo. bis Sa. 9.00–18.00 Uhr, parlamentarium-stras bourg.eu

Nur an vier Tagen im Monat wird der „Dôme" genannte Plenarsaal im elliptischen Parlamentsflügel mit der imposanten Glasfassade genutzt.

Gipfelrausch und Kloster-frieden

Schon die Kelten haben auf dem höchsten Gipfel der Nordvogesen ihren Göttern gehuldigt. Heute zieht es vor allem Wanderer auf den Donon – Pilger schätzen eher den Mont Sainte-Odile. Von beiden Punkten aus schweift der Blick über die fruchtbaren Felder der Rheinebene, über Weinberge und die grünen Gebirgswälder.

Die kleinen regionalen Wochenmärkte bieten elsässische Bäckerköstlichkeiten, nicht nur, wie hier, in Obernai.

Gegenüber der neugotischen Kirche Saints-Pierre-et-Paul erhebt sich die Tour de la chapelle,
Überbleibsel einer abgebrochenen gotischen Kirche und seit 1873 Stadtturm von Obernai.

Im 17. Jahrhundert wurden die Klosterbauten von Mont Sainte-Odile
dem Zeitgeschmack angepasst.

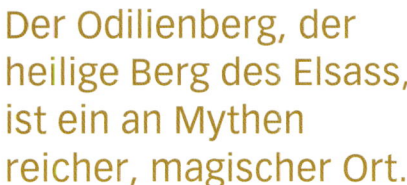

Lauschige Abendstimmung in
der Altstadt von Obernai

Von den im 12. Jahrhundert errichteten Klosterbauten auf dem Odilienberg
blieb die Tränenkapelle erhalten.

Der Odilienberg, der heilige Berg des Elsass, ist ein an Mythen reicher, magischer Ort.

Kennen Sie Molsheim? Nein? Aber der Name Bugatti sagt Ihnen etwas! 1909 gründete der italienische Autokonstrukteur Ettore Bugatti in einer ehemaligen Färberei in dem winzigen Kaff seine erste Fabrik. Dort schraubten 1914 die immerhin 200 Beschäftigten 75 Autos im Jahr zusammen. 1920 fuhr ein Bugatti Typ 13 den ersten von vielen weiteren Motorsportsiegen ein, den Großen Preis von Le Mans. Mit zwanzig Minuten Vorsprung auf den Zweiten – das waren noch Zeiten!

An der Legende Bugatti wird bis heute gestrickt, auch wenn die Marke längst zum Volkswagen-Konzern gehört. Firmensitz ist nach wie vor Molsheim, und nahebei wird auch der teuerste Serienwagen der Welt produziert. Beim aktuellen Modell Chiron bekommt man für rund 2,4 Millionen Euro unvorstellbare 1500 Pferdestärken und eine Höchstgeschwindigkeit, die an Gemeingefährlichkeit grenzt – und für Elsass-Urlauber eher ungeeignet ist. Die Weinstraße wäre mit so einem Gefährt in einer halben Stunde abgehakt.

Besinnlich über Land

Verschwindet Straßburgs Häusermeer im Rückspiegel, eröffnet sich eine sehr ländliche Welt. Mais- und Sonnenblumenfelder teilen die Rheinebene in grün-gelbe Vielecke. Glitzernde Wasserfontänen stillen den Durst der Äcker. Bussarde kreisen im Aufwind. Neben Weizen und Kartoffeln ziehen die Landwirte Spargel, Tabak und auch Hopfen für das traditionsreiche elsässische Bier. Seit jeher ist das Elsass eine Sauerkrauthochburg. Rund ein Drittel aller französischen Weißkohlköpfe stammen von hier, denn die Anbaubedingungen sind im fruchtbaren Rheintal ideal. Zentrum des Kohlanbaus ist die Gegend um Krautergersheim. Vor nicht allzu langer Zeit zogen hier im November die Sauerkrautschneider von Dorf zu Dorf und zerteilten mit einer mächtigen Säge Weißkohlköpfe in feine Streifen. In Fässer eingelegt, verwandelten die Hausfrauen sie mithilfe von Milchsäurebakterien in haltbares Sauerkraut, auf Elsässisch Sürkrüt; und auf Französisch, davon abgeleitet, *choucroute*. Neben Flammkuchen und Baeckeoffe begegnet diese Köstlichkeit dem Reisenden hier auf Schritt und Tritt.

Die unsichtbare Festung

Außer der Vorliebe für Sauerkraut teilen die Elsässer mit ihren deutschen Nachbarn auch die Liebe zu Vereinen. Bernard Bour ist Vorsitzender eines Vereins, der sich seit 1984 einer Mammutaufgabe widmet: Fort Mutzig zu erhal-

Vogesenlandschaft bei Le Hohwald,
Sommerfrische seit dem 19. Jahrhundert

Das Bruche-Tal ist ein herrliches
Wanderrevier: die Sandsteinformation
Porte de Pierre bei Lutzelhouse

Unterwegs im Bruche-Tal beim Rocher de Mutzig,
nahe Lutzelhouse

ten. Westlich von Molsheim ist es Teil der nach 1871 erbauten deutschen Verteidigungsanlagen und die größte Feste ihrer Zeit. Doch weder Mauer noch Turm zacken sich malerisch in den Himmel. Mutzig ist in den Vogesenfels einbetoniert, als Schutz vor moderner Artillerie. Hier sollten 8000 Mann Besatzung einer dreimonatigen Belagerung standhalten können. Pro Jahr bestaunen 22000 Besucher, überwiegend Franzosen, bei Führungen diesen Gigantismus auf zweieinhalb Quadratkilometern.

Durch eine schwere Panzertür winkt Bour die Besucher in das Labyrinth aus Gängen und Stollen. Ohne einen Lichtstrahl von außen ist es hier ungemütlich nasskalt. Der Weg führt vorbei an Schlafkammern für je 24 Mann, mit Stockbetten und einem winzigen Waschbecken. Frischluftzufuhr, Wasser- und Abwasser-

Der Erste Weltkrieg entschied sich anderswo, und Mutzig verfiel.

versorgung, Licht, Heizung – alles akribisch geplant und ausgeführt, eine technische Meisterleistung. Vier Kraftwerke lieferten Energie, sechs Bäckereien Brot für die Mannschaften, gebacken in vibrationssicheren Öfen. In siebzehn Küchen brodelten die Töpfe, ein Lazarett versorgte Verwundete. Fünfzehn Millionen Goldmark (etwa 230 Millionen Euro) hat der Bau verschlungen. Am 18. August 1914 kam der Tag der Bewährung. Binnen zwanzig Minuten feuerte Mutzig 291 Artilleriegranaten, dann gaben die französischen Angreifer auf – um im November 1918 als Sieger wiederzukehren. Der Erste Weltkrieg entschied sich anderswo, und Mutzig, Beton gewordene Hybris, verfiel. Bis Bernard Bour und die anderen Vereinsmitglieder kamen. Sie drängen Rost und Sträucher zurück, ölen Maschinen, pflegen unter der Erde das Mobiliar, darüber den Rasen und hoffen auf zahlreiche Interessierte. Denn

Sélestat zeigt eine gemütliche Altstadt.

1899 erhielt Kaiser Wilhelm II. die Hochkönigsburg zum Geschenk.

Wilhelm II. huldigte mit der Hochkönigsburg alten Rittertugenden:
in der Waffenkammer sind Rüstungen und Armbrüste ausgestellt.

Auch der Palas der Hochkönigsburg idealisiert das Mittelalter.

Bergbau

Special

Der Schatz im Silbertal

Schwarzwald und Vogesen sind – geologisch gesehen – Zwillinge, nur vom Rheingraben getrennt. Hüben wie drüben durchziehen Edelmetalladern die Klüfte des Grundgebirges. Seit jeher förderten hier Bergleute Silber, Kupfer und Blei.

Val d'Argent, Silbertal, der Name verrät bereits, welches Metall für die Dörfer Sainte-Marie-aux-Mines und Sainte-Croix-aux-Mines seit dem Mittelalter Wohlstand und Wachstum bedeutete. Seine große Zeit erlebte der Silberbergbau im 16. Jahrhundert, was eng mit dem Münzwesen zusammenhing. Künstliche Gräben, Teiche, Dämme – heute noch vielfach im Gelände zu ahnen – erinnern an den Einsatz der Wasserkraft.

Der Verfall des Silberpreises und der Dreißigjährige Krieg brachten die blühende Industrie zum Erliegen. Immerhin: Einzelne Minen werden als Besucherbergwerke in Schuss gehalten, so auch im modernen Bergbaupark „Tellure" (Foto).

das Ziel der heutigen Herren ist Völkerverständigung und Aufklärung.

Im Oberen Bruche-Tal

Folgt man dem Lauf der Bruche von Mutzig aus flussaufwärts, öffnet sich eines der schönsten Täler im Elsass, das Obere Bruche-Tal. Die Besiedlung ist noch immer dünn, die Landschaft wirkt unverbraucht und frisch. Wiesen säumen den Fluss, gefolgt von Tannen-, Fichten- und Buchenwäldern. Weil die höchsten Gipfel nur knapp über tausend Meter messen und keine heroischen Felsenklippen zu erwarten sind, überschätzen Wanderer oft ihre Möglichkeiten. Satte Steigungen zehren an den Kräften. Also rasch in einer *ferme auberge* eingekehrt, wo Käse und Wurst aus eigener Herstellung angeboten werden, wo eine warme Mahlzeit die Energien zurückbringt und auch ein Bett für die Nacht bereitsteht.

Lenz und Oberlin

„Den 20. Jänner ging Lenz durchs Gebirg. Die Gipfel und hohen Bergflächen im Schnee, die Täler hinunter graues Gestein, grüne Flächen, Felsen und Tannen." So beginnt die 1839 erschienene Erzählung „Lenz". Georg Büchner verarbeitet darin Aufzeichnungen des evangelischen Theologen Johann Friedrich Oberlin (1740–1826). Der hatte in Wal-

Mit wohlwollender Hilfe eines Höheren erzeugen die Elsässer Winzer herrliche Tropfen – so wie Antoine Kreydenweiss (oben) von der Domaine Kreydenweiss in Andlau oder Jean Christophe Lehner (rechts) von der Domaine Armand Gilg in Mittelbergheim. Beide Dörfer liegen an der Elsässer Weinstraße.

Mittelbergheim ist ein traditionsreicher Winzerort an der Elsässer Weinstraße –
das örtliche Weingeschehen dokumentiert man hier seit immerhin 550 Jahren.

An heißen Sommertagen hat man die menschenleeren Grand-Cru-Lagen ganz für sich.

dersbach, einem kleinen Ort im Oberen Bruche-Tal, seine Lebensaufgabe gefunden. In den abgelegenen Vogesentälern, wohin kein rechter Weg führte, wo der Winter sich hart und zäh hielt, litten die Menschen noch weit bis ins 19. Jahrhundert hinein bittere Armut.

Kaum hatte der gebürtige Straßburger Oberlin seine Pfarrstelle angetreten, bewies er, wie sich mit Intelligenz, Ideenreichtum und Gottvertrauen das Blatt wenden lässt. Er krempelte den Ort vollkommen um, kümmerte sich um die Bildung der Kinder und jungen Frauen. Auf seine Initiative hin legten die Bauern Obstbaumwiesen und Gartenterrassen an, verbesserten Wege und Brücken und schufen die Grundlage für eine kleine Seidenbandfabrik.

Die Ansätze des rührigen Pfarrers, Sozialreformers und Pädagogen, im Oberlin-Museum Waldersbach detailliert vorgestellt, sind heute wieder hochmodern. Dem psychisch kranken Schriftsteller Jakob Michael Reinhold Lenz, der ihn 1778 aufsuchte, konnte Oberlin jedoch nicht helfen. Büchners Erzählung endet mit den Worten: Lenz „schien ganz vernünftig ... er tat alles, wie es die anderen taten, es war aber eine entsetzliche Leere in ihm, er fühlte keine Angst mehr, kein Verlangen; sein Dasein war ihm eine notwendige Last – so lebte er hin.“

Klausur unter freiem Himmel

Aufstieg zum Donon, mit 1009 Metern der höchste Berg der nördlichen Vogesen: Ein felsiger Steig, gesäumt von Heidelbeergebüsch, zartlila Erika, mächtigen Tannen und leuchtenden Ebereschen, führt vom Col du Donon aus bequem hinauf. Kelten und Römer legten auf dem markanten, aus allen Himmelsrichtungen sichtbaren Gipfel ihre Kultstätten an. Erst für den keltischen Teutates, dann für die Römergötter Jupiter und Merkur. Ein wuchtiger Tempelnachbau von 1869 erinnert daran. Heute dient der martialische Bau knapp unterhalb des Gipfels den Wanderern als willkommener Schattenspender.

Bester Aussichtspunkt ist das Gipfelplateau, von mächtigen Buntsandsteinplatten gebildet. Meistens hat man die erhabene Klausur unter freiem Himmel für sich allein. Man sieht die Sonne hinter dem Schwarzwaldrand aufgehen, Regenbögen über der Rheinebene glänzen, milchige Morgennebel in den Vogesentälern, sieht sich über Lothringen auftürmende Gewitterfronten und könnte, bliebe man über Nacht, in klarer Luft den ruhigen Lauf der Sterne verfolgen. Man mag darüber lächeln, doch die Stimmung ist hier oben eine ganz besondere. Ob das an den Schwingungen aus uralter Zeit liegen mag oder einfach der

Pro Jahr werden 150 Millionen Flaschen Elsässer Wein vermarktet, fast ausschließlich Weißweine. Der auf der Domaine Marc Kreydenweiss gelesene Grauburgunder, Pinot gris (oben), macht nur einen winzigen Teil davon aus.

Während der Weinlese geht es
auch immer gesellig zu.

Auf den waldigen Vogesenhöhen erhabene Burgen, die Hügel zur Rheinebene hin
überzogen von Reben: Hunawihr zeigt ein für das Elsass typisches Bild.

Die Sonne verrichtet
still ihr segensreiches
Werk an den Trauben.

ungewöhnlichen Schönheit des Platzes
geschuldet ist?

Elsässische Höhepunkte

Der Odilienberg, der heilige Berg des Elsass, ist ein an Mythen reicher, magi-
scher Ort, herausragender Wallfahrtsort
und gefragtes Touristenziel. Der Legende
nach wurde Odilie, die blind geborene
Gründerin der Abtei, in dem Moment se-
hend, als sie die Taufe empfing. Am Fuß
ihres Klosters entspringt in einer Felswand eine Quelle, der heilende Kräfte
nachgesagt werden. Fast immer stehen
hier Menschen Schlange, um flaschen-
oder gar kanisterweise Wasser abzuzap-
fen. Auf den Klostermauern breitet eine

monumentale Statue der Heiligen Odilie
beide Arme segnend über das Land aus.

Ein Höhepunkt völlig anderer Pro-
venienz ist die Haut-Kœnigsbourg. Ursprünglich eine staufische Reichsburg,
ist sie heute nichts anderes als ein Nach-
bau von Kaiser Wilhelms II. Gnaden.
1899 hatte ihm die Gemeinde Schlettstadt den Trümmerhaufen geschenkt,
worauf zwischen 1901 und 1908 der
große Wiederaufbau erfolgte. Baumeis-
ter Bodo Ebhardt setzte modernste
Technik ein. Wasserpumpen rumorten,
Kräne drehten sich, und elektrisches
Licht überstrahlte die Baustelle, lange
vor den Dörfern an ihrem Fuße. Wilhelms Ziel: ein „Wahrzeichen deutscher

Der Marktplatz mit seinen Brunnen markiert Ribeauvillés Zentrum.
Ringsum reihen sich gastliche Gassen.

Ribeauvillé ist für sein von Fachwerk gesäumtes
gemütliches Ambiente bekannt.

Kultur und Macht" wiedererstehen zu lassen und so den deutschen Anspruch aufs Elsass deutlich erkennbar zu untermauern. Seine Freude über die wiedererrichtete Hochkönigsburg währte nicht lange. 1918 fiel das Elsass bereits an Frankreich zurück.

Im Zeichen der roten Blume

Viele Orte im Elsass tragen das Prädikat „Village fleuri", dazu prangen auf dem Ortsschild ein bis vier Blumensymbole. Seit 1959 wird der Wettbewerb, der in etwa dem deutschen „Unser Dorf soll schöner werden" entspricht, Jahr für Jahr ausgelobt. Neben dem Blumenschmuck legen die Preisrichter auch Wert auf ein ansprechendes Ortsbild, wenig Verschandelung durch Werbeflächen und

Blumenschmuck und Fachwerkherrlichkeit verwandeln Riquewihr in eine Tourismus-Inszenierung.

auf Schonung der Umwelt. Im Elsass, der kleinsten französischen Region, ist die Zahl der ausgezeichneten Gemeinden überproportional groß: 324 waren es 2016! Davon erhielten 20 die Bestnote in Form von vier Blumen, und die säumen fast ausnahmslos die Weinstraße. Ribeauvillé gehört dazu und natürlich Colmar, wo der überbordende Blumenschmuck, bunte Fachwerkherrlichkeit, Butzenscheiben und Storchennippes die Altstadt in eine Tourismus-Inszenierung verwandeln.

Mittelbergheim verzichtet auf den ganzen Kitsch und verlässt sich auf den Charme seiner Lage innerhalb der Rebhänge. An heißen Sommertagen hat man die menschenleeren Grand-Cru-Lagen ganz für sich. Grillen zirpen, eine Eidechse huscht über die heißen Mauern, und die Sonne verrichtet still ihr segensreiches Werk an den Trauben.

Riquewihrs Hauptstraße, die Rue Géneral de Gaulle, führt auf den mittelalterlichen Stadtturm Dolder zu.

An der Place de la République in Ribeauvillé ist die „Bar Saint Ulrich" zu finden.

Die besten elsässischen Spezialitäten

Feines vor Ort
und für zu Hause

Im kulinarischen Goldenen Dreieck zwischen Baden, Schweiz und Frankreich gelegen, bietet das Elsass exzellente Möglichkeiten, sich mit köstlichen Kleinigkeiten zu verwöhnen – und das eine oder andere Mitbringsel für die erwartungsfrohen Daheimgebliebenen zu erstehen.

1 Marmelade

Christine Ferber aus Niedermorschwihr, westlich von Colmar, steht im Ruf, die besten Konfitüren Frankreichs herzustellen. Wie schon ihre Mutter und Großmutter kocht die begnadete Konditorin Marmelade ausschließlich im Kupferkessel, weil da die Früchte rasch heiß werden, ohne anzubrennen, und sich so die Pektine besser entfalten. Das A und O der Marmeladenproduktion sind aber die Früchte. Die müssen reif und von bester Qualität sein. Die allermeisten Beeren und Früchte bezieht die ungekrönte Marmeladenkönigin aus dem Elsass – Brombeeren und Heidelbeeren etwa –, Aprikosen aus Südfrankreich. Christine Ferber und ihr

Team produzieren nur kleine Chargen, es brodeln nie mehr als vier Kilo auf einmal im Kupferkessel. Gelierzucker ist dabei tabu. Fürs Gelieren sorgen neben den fruchteigenen Pektinen einzig Zucker und Zitronensaft. Das gewisse Etwas steuern auch Winzigkeiten bei: Veilchenblüten in der Himbeerkonfitüre, ein Hauch von Ingwer in der Aprikosen- oder einige Rosmarinnadeln in der Preiselbeermarmelade.

Maison Ferber:
Di.–Fr. 7.00–12.30 und
14.00–18.30, Sa. 7.00 bis
18.00, So. 8.00–13.00 Uhr;
18, Rue des Trois Epis,
68230 Niedermorschwihr,
Tel. 03 89 27 05 69 ,
www.christineferber.com

2 Pâtisserie

Kein Straßburg-Besuch, ohne bei „Christian" vorbeizuschauen. Schon allein der Anblick der kunstvoll geformten Törtchen und Kuchen, der Eiskreationen und Schokoladespezialitäten versetzen jeden Liebhaber süßer Sachen auf direktem Weg in den Himmel. Ein besonderer Genuss sind die von Christian Meyer entwickelten „Kastanien" – aufwendig

hergestellte Trüffel aus Schokolade und Marzipan, die aussehen wie Kastanien in ihrer Schale. Vor rund vierzig Jahren gründete Christian Meyer die Konditorei. Er gehörte seinerzeit zu den Ersten, die statt Buttercreme eine leichtere Schaumcreme verwendeten und den Zuckeranteil reduzierten.
In der Weihnachtszeit runden Lebkuchen und

zierlich-feine Weihnachtsplätzchen das Sortiment ab, im Sommer wird Eis im Straßenverkauf angeboten. „Leider" ist der Ruf von Christian derart gut, dass der dazugehörige Tea Room stets brechend voll ist.

Pâtisserie Christian:
10, Rue Mercière,
67000 Strasbourg,
Tel. 03 88 22 12 70 ,
www.christian.fr

3 Crémant d'Alsace

In den vergangenen Jahren ging der Weg des Crémant, was die Gunst der Kunden anbelangt, nur in eine Richtung: steil nach oben. Nach der Champagner-methode erzeugt, enthält dieser Schaumwein nicht ganz so viel Kohlensäure, was viele als Vorteil empfinden. Und beim Preis bewegt man sich hier noch in bezahlbaren Regionen. Crémant d'Alsace A. O. C. zu einem ausgezeichneten Preis-Leistungs-Verhältnis erzeugt das Weingut Gilg in Mittelbergheim. Die alteingesessene Winzerfamilie, die vom Anbau bis zum Verkauf alles in eigener Regie vollbringt, bietet verschiedene Varianten des perlenden Trinkvergnügens: einen feinfruchtigen reinen Riesling-Crémant sowie die nicht weniger vorzüglich schmeckende Mischung aus mehreren Rebsorten in den Varianten „brut" und „extra brut". Eine echte Rarität und nicht immer verfügbar: der Crémant rosé aus Pinot-noir-Trauben. Vor dem Kauf darf probiert werden. Natürlich hat die Domaine Gilg auch elsässischen Wein sowie Edelbrände zu bieten.

Domaine Armand Gilg:
Mo.–Fr. 8.00–12.00 und
13.30–18.00, Sa. bis 17.00,
So. 9.00–11.30 Uhr;
2, Rue Rotland,
67140 Mittelbergheim,
Tel. 03 88 08 92 76 ,
www.domaine-gilg.com

4 Biowein

Als Pionier des Demeter-Weinbaus im Elsass gilt Eugène Meyer vom gleichnamigen Weingut südlich von Colmar. 1969 stellte Meyer den Betrieb auf eine biologische Wirtschaftsweise um, seit 1991 sind seine Erzeugnisse Demeter-zertifiziert. Bei dieser biodynamischen Wirtschaftsform, die auf Anregungen Rudolf Steiners fußt, sind nicht nur Pestizide und Chemie verboten; auch besondere Pflanzenpräparate kommen zum Einsatz. „Brennessel-Meyer" wurde von den Kollegen zunächst misstrauisch beäugt. Mittlerweile gibt es mehrere biodynamische Winzer im Elsass. Der Aufwand bei dieser Bewirtschaftungsform ist erheblich, aber er lohnt sich – für die Natur und für den Geschmack des Weines.

Domaine Eugène Meyer:
Mo.–Sa. 8.30–11.30 und
14.00–18.30 Uhr;
21A, Rue de Bergholtz-Zell,
68500 Bergholtz,
Tel. 03 89 76 13 87 ,
www.eugene-meyer.fr

5 Käse

Käse-Affineur Bernard Antony stellt keinen Käse her, er lässt ihn reifen. Aber wie! Tief im Süden des Elsass, im ruhigen Sundgau, dämmern die besten Käse von ganz Frankreich ihrem Verzehr in Gourmetrestaurants oder dem Verkauf in Feinschmeckerläden entgegen. Alle Käsereien hat Antony persönlich aufgespürt. Oft handelt es sich um winzige Bergbauernhöfe, wo die Ziegen und Kühe noch auf natürlichen Weiden grasen, statt Silage und Kraftfutter vorgesetzt zu bekommen. Oder um Klöster, in denen nach alten Traditionen gekäst wird. Niemals kommt Antony ein Käse aus pasteurisierter Milch über die Schwelle eines seiner sieben Reifekeller – einzig und allein Rohmilchkäse. Hartkäse bleiben durchaus vier Jahre bei Maître Antony, Weichkäse nur kurze Zeit. Im Sundgauer Käs-Keller kann man die Kostbarkeiten kaufen und auch in Form einer mit Wein kombinierten Käsereise probieren. Allein das ist ein guter Grund, ins südliche Elsass zu fahren.

Fromagerie Antony:
Mo.–Fr. 10.00–12.30
und 14.00–18.00,
Sa. 9.00–17.00 Uhr;
5, Rue de la Montagne,
68480 Vieux-Ferrette,
Tel. 03 89 40 42 22 ,
www.fromagerieantony.fr

6 Marktfrisch

Beim „Bergproduktemarkt" des Städtchens Saâles im Bruche-Tal bieten im und ums Rathaus lokale Erzeuger den kulinarischen Reichtum der Region feil: Tomme, Münsterkäse und Eis aus Ziegenmilch, dazu Hausmacherwurst, Honig aus der Umgebung und natürlich Elsässer Wein. Es wird viel gekostet, geredet, und gelacht. Kurzum: Es geht um weit mehr als nur ums Einkaufen.

Marché de montagne:
Mitte Juni–Mitte Sept.
Fr. 15.00–18.30 Uhr;
67420 Saâles,
http://mairie-saales.fr

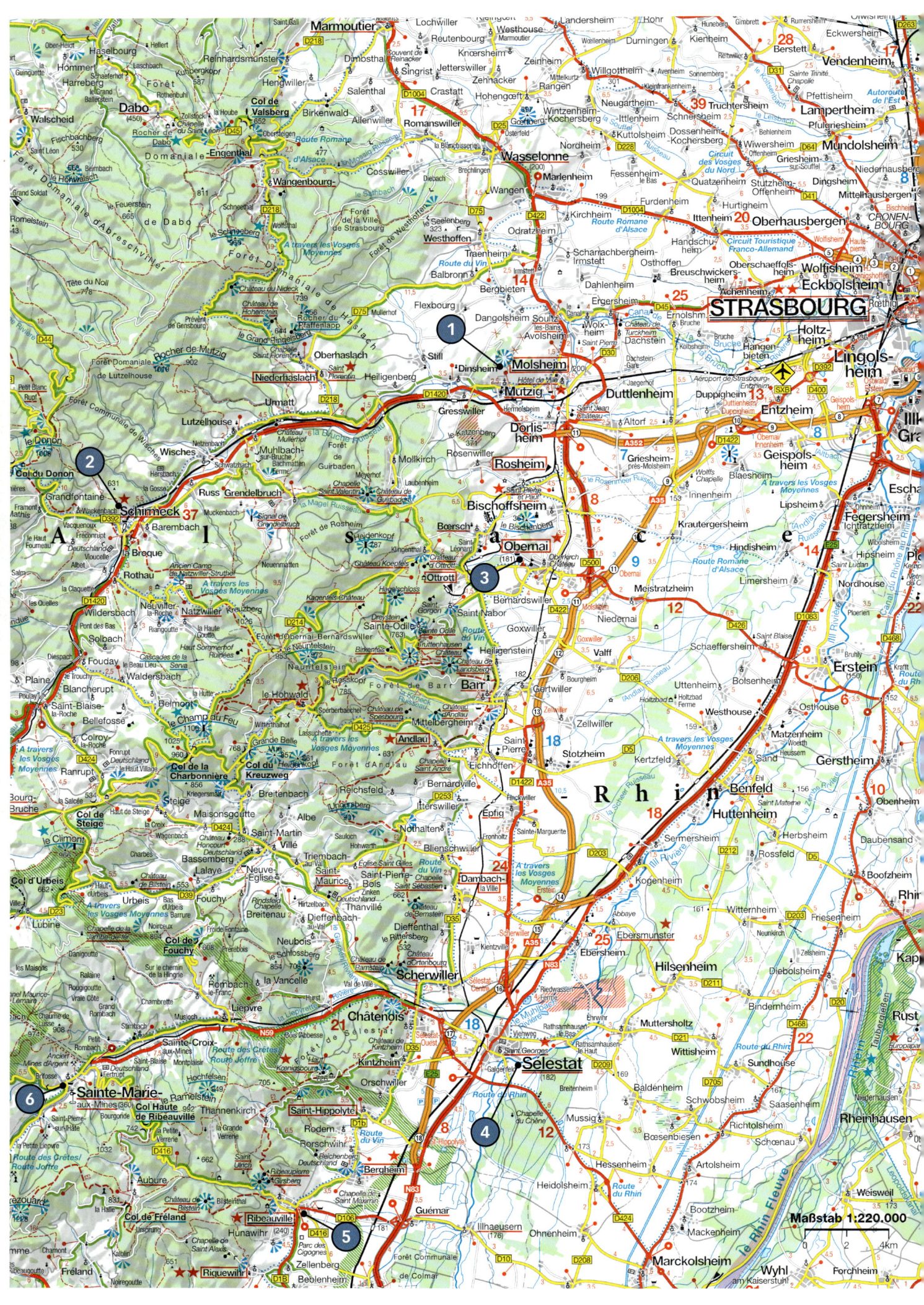

Von der Weinstraße in die Vogesen

Das Bruche-Tal trennt die Nordvogesen vom Gebirgsstock im Süden. Herrliche Wandergebiete erstrecken sich ringsum. In Ribeauvillé und Riquewihr erreicht die Fachwerkidylle der Weinstraße einen Höhepunkt.

❶ Molsheim

Die von Ettore Bugatti (1881–1947) gegründete Firma hat Molsheim (9300 Einw.) berühmt gemacht. Unternehmenssitz von Bugatti Automobiles ist Château Saint-Jean (1857), nebenan wird in einer futuristischen Werkstatt der Chiron von Hand gefertigt (nicht zu besichtigen). Während der Reformation und Gegenreformation war die Kleinstadt am Vogesenrand Sitz der Bischöfe von Straßburg.

SEHENSWERT

Die mittelalterliche **Stadtmauer** umschließt großteils den Altstadtkern mit seinen Fachwerkbauten. In Rosa strahlt die nachgotische Jesuitenkirche **Église Sainte-Trinité et Saint-Georges** (1615–1618). Am Rathausplatz findet man einen Renaissanceprachtbau der Metzger, **La Metzig** (1525, heute Restaurant).

Supersportwagen Bugatti Veyron 16.4 vor dem Château Saint-Jean; Musée de la Chartreuse in Molsheim; Dompeter in Avolsheim

MUSEUM

Molsheims Geschichte sowie Oldtimer der Bugatti-Stiftung präsentiert das **Musée de la Chartreuse et de la Fondation Bugatti** im ehem. Kartäuserkloster (1598–1792; 4, Cour des Chartreux; 15. Juni–15. Sept. tgl. außer Di. 10.00–12.00, 14.00–17.00, Sa./So. nur 14.00 bis 17.00, Mai–14. Juni, 16. Sept.–Mitte Okt. tgl. außer Di. 14.00–17.00 Uhr).

VERANSTALTUNGEN

Legendäre Bugattis gibt es beim **Internationalen Bugatti-Festival** (2. Sept.-Wochenende) in Molsheim und den umliegenden Dörfern zu sehen. In Marlenheim (8 km nördl.), dem Beginn der Weinstraße, wird Mitte Aug. folkloristisch die **Hochzeit des Ami Fritz** gefeiert.

UMGEBUNG

Ein Kleinod romanischer Kirchenbaukunst steht in **Avolsheim** (3 km nördl.). Die Fundamente des Dompeter stammen aus dem 7. Jh.; damit ist er die älteste Kirche des Elsass. Im 11. und 12. Jh. entstand der heutige Bau.
Fort de Mutzig (4 km westl.), 1893 als „Feste Kaiser Wilhelm II." erbaut, zählt zu den spektakulären Festungen Europas (www.fort-mutzig.eu; Führung auf deutsch: Jan.–März, Nov./Dez. Sa./So. 13.30, April–Juni, Mitte Sept.–Okt. tgl. 13.30, Sa./So. auch 14.30, Juli–Mitte Sept. tgl. 10.30, 13.30, 14.30 Uhr).

INFORMATION

Office de Tourisme, 19, Pl. de l'Hôtel de Ville, 67120 Molsheim, Tel. 03 88 38 11 61, www.ot-molsheim-mutzig.com

❷ Schirmeck

Das Zentrum (2300 Einw.) des Bruche-Tals ist ideal, um sich mit Proviant und Informationen für Touren ins Umland einzudecken.

MUSEUM

Die Geschichte des Elsass ist Thema des **Mémorial de l'Alsace Moselle** (www.memorial-alsace-moselle.com; Di.–So. 9.30–18.00 Uhr).

Tipp

Köstlich wie bei Oma

In Ranrupt verarbeitet Familie Krencker in ihrer Manufaktur Früchte aus der Region zu köstlichen Marmeladen nach Omas Rezepten, darunter auch ungewöhnliche Sorten wie Weißdorn (Di.–Sa. 10.00–12.00, 14.00–18.00 Uhr).

LES CONFITURES DU CLIMONT
14, La Salcée, Route du Climont, 67420 Ranrupt, Tel. 03 88 97 72 01, www.confituresduclimont.com

An dunkle Zeiten erinnert die **KZ-Gedenk-stätte Natzwiller-Struthof** (10 km östl.), wo auch das **Centre Européen du Résistant Déporté** an Widerstandskämpfer und Deportierte erinnert (www.struthof.fr; Mitte April bis Mitte Okt. tgl. 9.00–18.30, März–Mitte April, Mitte Okt.–23.12. tgl. 9.00–17.00 Uhr).

AKTIVITÄTEN

Die Tourist-Information hält Broschüren zu den 50 schönsten **Wanderungen** im Bruche-Tal bereit. Der Champ-du-Feu (1099 m) ist Zentrum des **Wintersportreviers** um den Urlaubsort Le Hohwald (25 km östl.).

UMGEBUNG

Der schönste Gipfel der Nordvogesen ist der **Grand Donon** TOPZIEL. Der Aufstieg gelingt leicht vom Parkplatz am Col du Donon aus (14 km westl.; siehe DuMont Aktiv S. 79). In **Waldersbach** (10 km südl.) lebte Pfarrer Johann Friedrich Oberlin (1770–1826). Herausragend, für Pädagogen wie für Kinder, ist das Oberlin-Museum – Motto: Wo Spielen klug macht (www.musee-oberlin.com; April–Sept. Mi.–Mo. 10.00–19.00, sonst 14.00–18.00 Uhr).

INFORMATION

Office de Tourisme de la Vallée de la Bruche, 114, Grand'Rue, 67130 Schirmeck, Tel. 03 88 47 18 51, www.valledelabruche.fr

❸ Obernai

Obernai (10 800 Einw.; 778 erwähnt) zählt zu den schönsten Städten des Elsass. Von hier aus schraubt sich die Bergstraße zum Mont Sainte-Odile hinauf.

SEHENSWERT

Die doppelte **Stadtmauer** (Urspr. 12. Jh.) ist fast vollständig erhalten. Schmuckstück der Altstadt ist der **Marktplatz** (Place du Marché) mit Kornhalle (1554) und Rathaus (16./19. Jh.). Als einer der schönsten Renaissance-Brunnen gilt der Sechs-Eimer-Brunnen (1579).

HOTEL/RESTAURANT

€€ **L'Ami Fritz** ist eine wunderschöne Winstub mit Terrasse, regionaler Küche und komfortablen Gästezimmern (8, Rue des Châteaux, 67530 Ottrott-le-Haut, Tel. 03 88 95 80 81, www. amifritz.com).
Das zum €€ **Weingut Gilg** gehörende Hotel-Restaurant bietet elsässische Küche und Weine aus den eigenen Reblagen (1, Rue Rotland, 67140 Mittelbergheim, Tel. 03 88 08 91 37, www.hotel-gilg.com; siehe auch S. 75). Übernachten im Kloster auf dem heiligen Berg, das hat was. Die Zimmer im € **Hôtel du Mont Sainte-Odile** sind schnörkellos-schlicht (67530 Ottrott, Tel. 03 88 95 80 53, www.mont-sainte-odile.com).

UMGEBUNG

Mont Sainte-Odile TOPZIEL (763 m; 8 km südw.), der heilige Berg des Elsass, verspricht grandiose Aussicht und ist Ziel von Pilgern so-

Oberlin-Museum in Waldersbach; Aufstieg zum Grand Donon; Hochkönigsburg

wie Menschen mit Augenleiden. Ältester Teil der 1687 erneuerten Anlage ist die Kreuzkapelle (11. Jh.). In der Odilienkapelle (12. Jh.; tgl. 8.00–20.00, Winter bis 19.00 Uhr) befinden sich die Gebeine der Heiligen. Wer aus der Quelle der heiligen Odilie schöpfen will, findet die Source Sainte-Odile unterhalb des Klosters, erreichbar auf einer Waldstraße (D 33). Wie das Nachbarstädtchen **Andlau** liegt auch **Mittelbergheim**, eines der schönsten Dörfer Frankreichs, besonders hübsch in Rebhänge eingebettet. Im benachbarten **Barr** führt ein Weinlehrpfad durch die Weinberge (Beginn hinter dem Rathaus, Dauer ca. 1 Std.).

INFORMATION

Office de Tourisme, Place du Beffroi, 67210 Obernai, Tel. 03 88 95 64 13, www.tourisme-obernai.fr

❹ Sélestat

Angeblich stammt der Brauch, Weihnachtsbäume aufzustellen, aus Sélestat (19 300 Einw.). In der Renaissance zählte die Stadt zu den humanistischen Zentren Europas – eine der wertvollsten Bibliotheken der Welt erinnert daran.

SEHENSWERT

Aus der malerischen Altstadt sticht die gotische **Kirche Saint-Georges** (13.–15. Jh.) hervor. Bedeutender ist die romanische Buntsandsteinkirche **Sainte-Foy** (11./12. Jh.) mit einer doppeltürmigen Westfassade. Hauptattraktion ist die **Humanistische Bibliothek** (Bibliothèque Humaniste; 1452), die 2018 nach Umbau mit einer erweiterten Ausstellung wieder eröffnet wurde. 450 Handschriften, teils aus der Merowingerzeit, 730 herrliche Inkunabeln und 2000 Drucke begeistern nicht nur Bücherfreunde (1, Place Dr. Maurice Kubler, Mai–Sept., Dez. Di.–So. 10.00–12.30, 13.30–18.00, sonst Di.–So. 13.30–17.30 Uhr, Jan. geschl., www. bh-selestat.fr).

UMGEBUNG

Ebersmunster (8 km nordöstl.) ist berühmt für seine monumentale Barockkirche (1725). 12 km westl. erhebt sich unübersehbar die **Haut-Kœnigsbourg** TOPZIEL (Hochkönigsburg; 757 m). Von den Hohenstaufen errichtet und 1147 erstmals erwähnt, wurde sie im Dreißigjährigen Krieg zerstört und von Kaiser Wilhelm II. 1900–1908 wieder aufgebaut. Vom

Westbollwerk aus schweift der Blick über die Rheinebene zum Schwarzwald und im Süden bis zu den Alpen (www.haut-koenigsbourg.fr; Juni–Aug. tgl. 9.15–18.00, April, Mai, Sept. bis 17.15, März, Okt. 9.30–17.00, Jan., Feb., Nov., Dez. 9.30–12.00, 13.00–16.30 Uhr). Für Storchenfreunde lohnt ein Besuch im Storchen- und Vergnügungspark „Cigoland" in **Kintzheim** (www.cigoland.fr; April–Okt. tgl. 10.00–18.00 Uhr). Spannend sind die Flugschauen der Adlerwarte auf der Burg Kintzheim (Tel. 03 88 92 84 33, www.voleriedesaigles. com; April–Mitte Nov. tgl. Vorführungen).

INFORMATION

Office de Tourisme, 10, Boulevard Leclerc, 67604 Sélestat, Tel. 03 88 58 87 20, www.selestat-haut-koenigsbourg.com

❺ Ribeauvillé

Im Weinort **Ribeauvillé** TOPZIEL (Rappoltsweiler; 4800 Einw.) wie auch im benachbarten Riquewihr (Reichenweier) befindet man sich im Herzen des touristischen Geschehens. Am Ortseingang dominiert das Fabrikgebäude der Mineralwassermarke „Carola", der man im Elsass auf Schritt und Tritt begegnet.

SEHENSWERT

Fachwerkpracht und Blumenzauber machen aus der **Altstadt** eine Postkartenkulisse. In der Hauptstraße reihen sich Souvenirshops an Winstubs, die auch den hochgelobten Gewürztraminer der Region servieren. Der Renaissancebrunnen (1536) auf dem **Marktplatz** bildet den Mittelpunkt des Geschehens. Aus der Kopfbedeckung der gotischen Madonna in der Kirche **Saint-Grégoire-le-Grand** (13. Jh.) soll sich die elsässische Trachtenhaube entwickelt haben.

Immer bestens besucht ist der **Pfifferdaj**
(1. Sept.–Wochenende; siehe auch S. 114).

HOTEL/RESTAURANT
Luxuriöse Appartements gruppieren sich im
€€€ Kanzel Suites & Résidences nach Art
eines elsässischen Dorfes auf einem Hügel
(Chemin des Amandiers, 68980 Beblenheim,
Tel. 03 89 49 08 00, www.kanzel.com).
Auf Spitzenniveau speist man in der **€€ Au-
berge du Parc Carola**. Am Herd steht Micha-
ela Peters aus Münster, die erste Deutsche, die
in Frankreich einen Michelin-Stern erkochte
(48, Route du Bergheim, Tel. 03 89 86 05 75; Di.,
Mi. Ruhetag sowie Mo.abend).

UMGEBUNG
Riquewihr TOPZIEL (5 km südl.) gilt als das
schönste Winzerdorf des Elsass. Während der
Hauptsaison ist oft kein Durchkommen in den
Altstadtgassen mit den farbigen Fachwerkbau-
ten wie der Maison d'Irion (Nr. 12) und Jungse-
lig (Nr. 16). Der wuchtige Torturm Dolder (1291)
beherbergt ein Heimatmuseum (April–Okt. Sa./
So. 14.00–18.00 Uhr, Mitte Juli–Aug. tgl.).
Musée Hansi ist dem Maler und Karikaturisten
Jean-Jacques Waltz (1873–1951) gewidmet
(Feb.–Mai tgl. 10.00–12.30, 13.30–18.00, So. bis
16.00, Juni bis Dez. tgl. bis 18.30, So. bis 16.30
Uhr).

INFORMATION
Office de Tourisme du Pays de
Ribeauvillé et Riquewihr,
1, Grand'Rue, 68150 Ribeauvillé,
Tel. 03 89 73 23 23,
www.ribeauville-riquewihr.com

6 Ste-Marie-aux-Mines

Bergbau ernährte die Bewohner von Sainte-
Marie-aux-Mines (5100 Einw.) vom Mittelalter
bis in die Neuzeit. Hier befanden sich die
größten Silbervorkommen Frankreichs.

SEHENSWERT
Den Reichtum vergangener Tage spiegeln zahlreiche **Renaissancehäuser.** Auch Textilindustrie trug zur wirtschaftlichen Blüte bei, wie der
Espace Musées zeigt (Place du Prensureux;
Juni–Sept. tgl. 10.00–19.00, sonst Mo.–Fr. 10.00
bis 13.00, 14.00–18.00, Sa. bis 17.00 Uhr). Im
Schaubergwerk Tellure ist die Welt der Ber-
garbeiter multimedial aufbereitet (an der D 48,
www.tellure.fr; Juli/Aug. tgl. 10.00–19.00, April
bis Juni, Sept.–Anf. Nov. Di.–So. 10.00–18.00
Uhr). Abtauchen in 500 Jahre Bergwerktradition
kann man in der **Silbermine Saint-Barthél-
émy** (Treffpunkt Centre du Patrimoine Minier,
4, Rue Weisgerber, www.asepam.org; Juli, Aug.
So.–Fr. 11.00–18 Uhr).

INFORMATION
Office de Tourisme du Val d'Argent,
86, Rue Wilson, 68160 Ste-Marie-aux-Mines,
Tel. 03 89 58 80 50,
www.valdargent-tourisme.fr

Genießen Erleben Erfahren

DuMont
Aktiv

Auf den Spuren der Gallier

Im Oberen Bruche-Tal bieten sich zahlreiche erstklassige
Wandermöglichkeiten. Eines der schönsten Ziele ist der Donon, der 1009 Meter hohe Gipfel an der Schnittstelle zwischen Elsass und Lothringen. Die Tour
ist auch für Familien mit Kindern gut geeignet, zumal es oben nicht nur Aussicht zu genießen gibt, sondern auch Spuren aus Asterix' Zeiten.

Vom Parkplatz am Col du Donon führt der anfangs asphal-
tierte Weg zunächst über Wiesen und geht dann in einen
angenehmen Waldweg über. Zweimal überquert man die
Zufahrtsstraße, die hinauf zu den Sendemasten auf dem
Gipfel führt. Zwischen Teppichen aus rosa Heidekraut und
von Weidenröschen gesäumt, steigt der Pfad an bis zur
„Escalier de l'Empereur", einer Treppe, die im
Ersten Weltkrieg für Kaiser Wilhelm II. erbaut wurde, um Seiner Majestät den Anstieg
zu erleichtern. Die Treppe hinauf, und schon ist
der Sattel zwischen den beiden Gipfeln des Donon erreicht.

Auf dem westlichen Gipfel verunziert ein Sendemast die Landschaft. Auf den östlichen, rechten führt ein archäologischer Pfad mit Infota-
feln auf Französisch. Mehrere römische Stelen umringen Reste eines Heilig-
tums, auch eine Zisterne hat sich erhalten. Am spektakulärsten ist der Nach-
bau eines gallo-römischen Tempels auf der Spitze. Hat man die grandiose
Aussicht ausgiebig genossen, führt hinter dem Tempel ein Pfad kurz sehr
steil bergab, dann durch den Wald zum Sattel Col entre les Donons. Von dort
geht es auf dem breiten Waldweg nach rechts zurück zum Parkplatz.

Ausgangspunkt/Einkehr
Parkplatz oberhalb des Col du Donon
(727 m). Am Pass selbst befindet sich
das „Hôtel Restaurant du Donon",
Tel. 03 88 97 20 32, www.ledonon.com.

Wegmarkierung/Tourlänge
Den Aufstieg markiert ein roter Balken (GR 5)
samt Tempelsymbol, den Rückweg ein gelbes
Kreuz. Der Rundweg ist ca. 6,5 km lang, das
entspricht ca. 2,5 Std. reiner Gehzeit.

Kunst, Käse und Crémant

Zwischen Rheintal und Vogesen zieht sich ein hundert Kilometer langes, schmales Band, auf dem sich in langen Reihen die Rebstöcke ausdehnen, Grundlage für Riesling, Pinot noir sowie den Crémant. Berühmteste Stadt an der Route de Vin ist das farbenfrohe Colmar. Im Westen markieren die Vogesengipfel ein gesuchtes Wander- und Kletterparadies.

Gemütlich sitzt man am Flüsschen Lauch und genießt den lauen Sommerabend, in Colmars „Klein-Venedig".

Konzentrisch umgeben die Altstadtgassen Eguisheims zentralen Schlossplatz.
Den Brunnen krönt Bruno von Eguisheim, besser bekannt als Papst Leo IX.

Auch in Turckheim gibt es hinter mittelalterlichen Mauern
Fachwerkherrlichkeit zu entdecken.

An warmen Abenden trifft man sich auf der Terrasse des „Caveau Heuhaus" in Eguisheim zum Flammkuchen.

Ein bisschen ist sie Kaysersberg noch anzusehen, die Vergangenheit als Reichsstadt.

Rettung der Störche

Adebars Renaissance

Mit einer Spannweite von über zwei Metern, den weißen Federn und den roten Beinen gehört der Weißstorch zu den beeindruckendsten Vögeln Mitteleuropas. Die Elsässer haben „La Cigogne" zu ihrem inoffiziellen Wappentier erkoren.

Was heute auf Kirchtürmen, Scheunen und Schornsteinen nistet, stammt allerdings fast ausnahmslos aus Nachzuchten. In den 1970er-Jahren galt der Weißstorch beinahe als ausgestorben. Sein Lebensraum war verloren gegangen. Feuchtgebiete am Rhein waren trockengelegt worden, die industrialisierte Landwirtschaft hatte das Rheintal in eine gigantische Maissteppe verwandelt. Überlandleitungen und Bejagung in Afrika, dem Winterquartier der Störche, taten ein Übriges.

1983 starteten elsässische Naturschützer ein Wiederansiedlungsprogramm. Dazu hielt man Zuchtstörche in großen Volieren und päppelte sie

nach ihrer Freilassung so gut über den Winter, dass sie auf den gefährlichen Zug nach Afrika verzichteten. Künstliche Nisthilfen animierten sie zum Bau der wagenradgroßen, bis zu 300 Kilogramm schweren Nester, und tatsächlich brüten heute wieder rund 800 Paare im Elsass. Die umfangreichen Nachzuchtprogramme wurden dank diesem großartigen Erfolg Ende 2016 für beendet erklärt. Doch um den naturgemäßen Lebensraum des Weißstorchs ist es auch im Elsass nach wie vor schlecht bestellt.

Sonnig und durch die Vogesen gut gegen die kalten Winde aus dem Westen abgeschirmt, eignet sich das Elsass hervorragend für den Weinanbau. Das erkannten vermutlich schon die Kelten, sicher aber die römischen Besatzer, die im vierten Jahrhundert bei Eguisheim Weinbau betrieben. Doch erst die Mönche des Mittelalters brachten den Weinbau im Elsass zur Blüte.

Heute kommt ein Gutteil der Elsass-Besucher allein wegen des Weins. Die 170 Kilometer lange Route des Vins von Marlenheim im Norden bis Thann im Süden führt durch geranienbunte Winzerdörfer, die sich darauf eingestellt haben, dass Besucher anhalten, beim Winzer Wein verkosten, einige Schritte durch die Weinberge gehen und die herrliche Landschaft genießen.

Was Geologen fasziniert, freut auch Weinkenner: die Vielfalt der Gesteine und Böden im Elsass. Mal wurzeln die Rebstöcke in Gneis, Schiefer oder Granit, mal in Sandstein, Kalk oder Mergel. Deshalb schmeckt die gleiche Rebsorte von Weinberg zu Weinberg verschieden. Als edelste Traube und damit als der König des Elsass gilt der Riesling. Grundsätzlich füllen die Winzer den Vin d'Alsace in charakteristische *flûtes* ab, schlanke, schmale Flaschen, in den Regalen schon von Weitem erkennbar.

Zu den vielen Altstadtpretiosen Colmars gehört auch die Maison Pfister, Eckhaus zwischen Rue Mercière und Rue des Marchands.
1537 wurde das Gebäude mit dem charakteristischen Erker errichtet.

Martin Schongauers Werke – hier seine „Madonna im Rosenhag" aus der
Dominikanerkirche in Colmar – waren Vorbild für Albrecht Dürer.

Museum Unterlinden ist umgebaut und erweitert worden. Auch der restaurierte
Isenheimer Altar zeigt sich, befreit von Patina, wieder in den kräftigsten Farben.

„Verglichen mit diesem
Tosen, dieser Unbändig-
keit erscheint alles
andere tonlos und fade."

Joris-Karl Huysmans über M. Grünewald

Nicht immer nur Schampus

Bekanntlich sind die Winzer der Champagne scharf darauf bedacht, dass kein
anderer ein Produkt gleichen Namens
auf den Markt bringt. Mit dem Crémant
hat das Luxusgetränk allerdings Konkurrenz erhalten. Bei seiner Herstellung
wird wie beim Champagner eine zweite
Gärung in der Flasche vollzogen. Rund
dreizehn Prozent der elsässischen Weine
werden zu Crémant verarbeitet, das sind
etwa 21 Millionen Flaschen.

Leicht, prickelnd und mit feiner Säure
haben die Crémants einen hervorragen-
den Ruf. Laut AOC-Bestimmungen dürfen nur die Weißweintrauben Pinot
blanc, Pinot gris, Riesling, Chardonnay
und Auxerrois verarbeitet werden, kein
Gewürztraminer. Aus roten Pinot-noir-
Trauben entsteht roséfarbener Crémant
oder der sehr rare Blanc de Noirs, der
einen zarten Stich ins Rosafarbene hat.

Burgenherrlichkeit

Eguisheim ist ein elsässisches Vorzeige-
dorf: schnuckelige Gassen, verträumte
Weinstuben, gepflegte Fachwerkhäuser,
umschlossen von einem unversehrten
mittelalterlichen Mauerring, der die Altstadt von Gewerbegebieten, Autostraßen
und Einkaufszentren trennt. Jeder Blu-
menkübel, jeder Laternenpfahl leuchtet
blütenvoll. Besonders aufwendig ist der

Marktbrunnen umschmückt, dessen
Brunnenfigur den berühmtesten Sohn
des Ortes zeigt: Leo IX., geboren 1002
als Bruno von Egisheim-Dagsburg, 1049
zum ersten und bislang einzigen elsässischen Papst gewählt und 1054 gestorben.
Seine Urahnen erbauten die karolingi-
sche Wasserburg, von der nur noch wenige wuchtige Mauerreste unmittelbar
hinter dem Brunnen zeugen. Jenseits der
Stadtmauer ließen sich Leos Eltern häus-
lich nieder. Auf einer Anhöhe, von der
aus schon die Römer die Ebene kontrol-
liert hatten, bauten sie 1006 die Wahlen-
burg. Der Hügel erschien auch anderen
Bauherren passend – so kamen Dags-
burg und Weckmund hinzu. Doch diese
„Drei Egsen" ereilte das burgentypische
Schicksal – im Zuge einer Fehde nieder-
gebrannt zu werden. Verantwortlich
zeichneten in dem Fall die Mühlhäuser,
die 1466 über die Herren von Eguisheim
herfielen. Nur sechs Kilometer entfernt
liegt bereits die nächste Feste, die Hoh-
landsburg mit ihrer eindrucksvollen
Mauer. Ebenfalls rasch erreicht ist weiter
nördlich das Flaggschiff der elsässischen
Burgen, die Haut-Kœnigsbourg.

Ein Kunstwerk soll heilen

Colmar, die Stadt an der Lauch, besitzt
wie Straßburg ein ehemaliges Fischerviertel, das ebenfalls rechtzeitig dem Ver-

Colmars „Klein-Venedig", vom Flüsschen Lauch durchzogen,
ist allemal eine Bootstour wert.

La Petite Venise zieht alle gleichermaßen an – die Maler und Zeichner, die Stadtbummler und die kulinarischen Genießer.

fall entrissen werden konnte. Bis in die 1970er-Jahre hatte es vor sich hin gegammelt. Dann nahmen sich eifrige Sanierer der Fachwerkhäuser, Brücken und Mühlen an und schufen La Petite Venise, „Klein-Venedig". Flussabwärts schließen sich die nicht weniger malerischen Viertel La Krutenau und Le Tanneur an, das alte Gerberviertel.

Die größte Anziehungskraft besitzt allerdings das ehemalige Dominikanerinnenkloster Unterlinden. Um 1290 gegründet, beherbergt es heute ein Museum, das mit rund 300 000 Besuchern im Jahr zu den meistfrequentierten in ganz Frankreich gehört. 2015 wurde ein moderner Erweiterungsbau eröffnet, geplant von den Stararchitekten Herzog & Meuron. Nun kann das Museum noch mehr aus dem reichen Fundus der Magazine zeigen. Der überwiegende Teil der Besucher wird jedoch nach wie vor von einem einzigen Kunstwerk angezogen: dem Isenheimer Altar von Matthias Grünewald. Das Meisterstück des um 1480 in Würzburg geborenen Malers gilt als ein Hauptwerk der deutschen Malerei und war lange Zeit Albrecht Dürer zugeschrieben worden.

Ursprünglich handelte es sich bei dem Altar um eine Auftragsarbeit für das Antoniterkloster zu Is(s)enheim, unweit von Colmar. Hier wurden im Mittelalter Menschen behandelt, in denen das „Antoniusfeuer" loderte, eine sehr qualvolle, entstellende Erkrankung, die durch den Verzehr von mit Mutterkorn-Pilz verunreinigtem Roggenmehl verursacht wurde. Vermutlich führten die Mönche die Kranken vor den Altar, um auch einen spirituellen Heilungsimpuls zu geben. Sicher dürfte der Anblick des grandiosen Farbrausches nicht ohne Wirkung geblieben sein. Auch heute stehen die Besucher dicht an dicht davor, wie gebannt und tief beeindruckt. „Mit seinen Farbenfanfaren, seinen tragischen Aufschreien, mit seinen gewalttätigen Apotheosen und wahnwitzigen Beinhausvisionen beschlagnahmt und bezwingt er uns; verglichen mit diesem

Exotisch: Russisches Flair auf dem
Weihnachtsmarkt in Colmar

Spezialitäten des Hauses – und des Hausherrn: Die Qual der Wahl
verschont keinen Stadtbummler

Die Maison Pfister aus der Frührenaissance beherbergt heute
ein Geschäft mit Wein und Delikatessen.

In Colmar gehören alpine Klänge zur Stimmung
auf dem malerischen Weihnachtsmarkt.

„Colmar ist ganz einfach die schönste Stadt der Welt."

Georges Duhamel

Tosen, dieser Unbändigkeit erscheint alles andere tonlos und fade", schrieb 1905 der französische Dichter Joris-Karl Huysmans über Grünewald. 2011 bis 2015 wurde der Isenheimer Altar einer ersten Restaurierung unterzogen. Nun, wo Firnis und Übermalungen abgetragen sind, strahlen die Farben wieder in ihrem alten, knackigen Glanz. Seit 2018 sind die Restauratoren wieder am Werk.

Auf der Route des Crêtes

Die Route des Crêtes – die sechzig Kilometer lange Vogesenkammstraße – gehört zum Erbe des Ersten Weltkriegs. Sie schlängelt sich, am Col du Bonhomme im Norden beginnend, über die Mittelgebirgshöhen bis nach Cernay im Süden. Bei Schönwetter wird sie wieder zur Kampfzone – von Autos, Radlern, Motorrädern, Lastwagen und Wohnmobilen. Kein reines Vergnügen. Beiderseits der Straße wölben sich die runden Gipfelkuppen von Grand Ballon (1424 Meter) und Petit Ballon (1267 Meter), in der Tiefe schimmern die eiszeitlichen Karseen Lac de Truit, Lac blanc und Lac noir. All die Naturschönheiten sind Teil des Schutzgebiets Parc Naturel Régional des Ballons des Vosges, eines Wanderparadieses erster Güte.

Auf dem Hohneck, dem dritthöchsten Berg der Vogesen (1362 Meter), ziehen sich die bunt gekleideten Wanderer die Mützen tief in die Stirn. Wolkenfetzen rasen über den Gipfel, Kuhglocken deuten ein paar Vogesenrinder in der Nähe an. Zu sehen sind sie nicht – ebenso wenig wie die versprochene Aussicht. Plötzlich einsetzender Regen treibt sogar Hartgesottene ins warme Bergcafé. Der Vogesenkamm, der große Wolkenfänger, macht das Wetter unberechenbar. Von der Morgensonne zum Aufstieg verlockte Wanderer werden oben nicht selten von Regen empfangen, der aus Richtung Atlantik heranweht. Auch an diesem Tag hilft da nur abwarten.

Irgendwann bricht tatsächlich die Sonne durch und verwandelt die abziehenden Wolkenbänke in eine Purpurkulisse für die grünen Vogesenrücken. Ganz unten staffeln sich die Felder der Rheinebene, gesäumt vom schwungvollen Band der Weinberge. Im Tal geht ein schwüler Sonnentag seinem trägen Ende zu. Oben strahlen jetzt die Vogesenveilchen im sattgrünen Gras, friedvoll klingen die Geräusche des Tages ab. Auf Hohneck reißen sich die Wanderer vom Gipfelgefühl los. Die einen eilen zum Col de la Schlucht, dem Pass mit dem riesigen Parkplatz. Die anderen steuern eine *ferme auberge* an, um am nächsten Morgen auf dem Kammweg weiter gen Süden zu wandern, immer auf den

Abstieg vom Gazon de Faing: Hält das Wetter noch
bis zur *ferme auberge* am Lac du Forlet?

Der Lac du Forlet zieht Wanderer und Angler an.
Baden ist hier gefährlich und leider verboten.

Grand Ballon zu, den höchsten Berg der Vogesen. In den Nachrichten ist Schönwetter angesagt.

Rettung der Vogesenkuh

Es braucht eine Rasse, die hart im Nehmen ist, um mit den Widrigkeiten der Vogesen zurechtzukommen: das Vogesenrind. Weiß mit schwarzen Flanken und einer Portion schwarzer Tupfen, großzügig über Beine und Gesicht verteilt, so steht es in beachtlicher Anzahl auf den Bergwiesen. Um ein Haar wäre es ausgestorben, denn im Wettbewerb der Milchkühe konnte die Rasse einfach nicht mehr mithalten. Um die 2800 Liter Milch pro Jahr bringt das Vogesenrind – eine Hochleistungskuh schafft mehr als das Doppelte. Auch die französische Landwirtschaftspolitik schickte sich an,

Irgendwann bricht die Sonne durch und verwandelt die Wolkenbänke in eine Kulisse für die grünen Bergrücken.

die Zahl der Rassen zu reduzieren, und strich das Vogesenrind aus dem Rassebuch. Grasten vor dem Krieg noch rund 125 000 Exemplare der *vaches vosgiennes* auf den Weiden, wurden 1965 nicht einmal mehr 3000 gezählt.

„Damals habe ich mir geschworen, die Vogesenkuh zu retten", erklärt Jean Wehrey, Viehzüchter aus Breitenbach. Als Präsident einer Züchtervereinigung kämpfte er darum, die schwarz-weißen Schönheiten vor dem Aussterben zu bewahren. Mit Erfolg: Neben dem französischen Staat stützt nun sogar die Europäische Union die alte Haustierrasse. So ist der Bestand auf 11 000 Tiere angewachsen. Bei Wehrey selbst stehen dreißig Stück im Stall, doch das nur zum Melken und auch nur im Winter. Sobald der Schnee von den Almen verschwindet, fährt Unruhe in die Tiere. Sie wissen: Die große Freiheit ist ganz nah.

Der Vogesenkammweg führt auf den Grand Ballon zu.
Leider wird der Gipfel von einer Radarstation „gekrönt".

Wanderrouten im Überfluss: Hinweistafeln am Petit Ballon

Nicht jeder schafft den Weg vom Lac Vert zum Lac du Forlet aus eigener Kraft

DAS MÜNSTERTAL

Kühe, Käse, Glockenklang

*Im Windschatten von Colmar, Straßburg und der Weinstraße
entwickelt das Münstertal eine neue Identität, um nicht ins Abseits zu geraten.
Kühe und Käse leisten dazu einen köstlichen Beitrag.*

Münsterkäse-Präsentation in der Maison du Fromage

Einen Zigarillo zwischen den Lippen und leise vor sich hin murmelnd, zieht Jean „Hansi" Wehrey mal sanft, mal ruppig den Striegel durchs Fell seiner Kühe. Eine nach der anderen wird mit einer Sorgfalt gereinigt, die andere Männer ihren Autos zukommen lassen. Der Bauer aus Oberbreitenbach im Münstertal murmelt und raucht und striegelt. Susi, Stolzi, Vaillante (die „Tapfere"), Tosca und wie sie alle heißen, schnauben tief und halten ergeben still. Sind alle dreißig Kühe herausgeputzt, bekommen sie blank gewienerte, bis zu vier Kilo schwere Glocken um den Hals gehängt. Gleich beginnt der Almauftrieb.

Im Galopp auf die Hochalm

Ein langer Winter geht zu Ende. „Die Kühe wissen, dass dort oben wohlschmeckendes Gras wächst – sie wollen rauf, rauf, rauf", kommentiert Hansi Wehrey die steigende Unruhe im Stall. Auf dem Hof versammelt ist längst eine große Schar Touristen.

Ein Akkordeonspieler legt sich ins Zeug, während Wehreys Söhne, Schwiegertöchter und Enkel Kaffee, *pains au chocolat* und Limo verkaufen. Sind die Kühe erst einmal draußen, gibt es für sie kein Halten mehr. Jetzt galoppieren sie auf altbekannten Wegen die gut 500 Höhenmeter hinauf zur „Ferme auberge Buchwald", der Hochalm der Wehreys – Kind und Kegel folgt ihnen aufgekratzt.

Auf halber Höhe heißt ein Alphornbläser die ungleiche Schar willkommen. Während die Kühe weitereilen, verschnaufen die Schaulustigen bei Wein und Vesper in der „Auberge du

Ried". Der harte Kern zieht den Rindern hinterher bis Buchwald, wo eine handfeste Melkermahlzeit aus Suppe, Fleischpastete, Röstkartoffeln und natürlich Vin d'Alsace wartet.

Bestes Gras für guten Käse

Der Kühe Freiheit währt nur einen Sommer lang. Aus der Milch wird direkt auf der Alm Münsterkäse hergestellt – der schmackhafteste im ganzen Jahr. Hierfür müssen die Kühe bestes Gras fressen, gesund „und zufrieden" sein, so Wehrey. Der Almauftrieb ist Teil eines großen Plans zur Wiederbelebung des Münstertals.

Gleich nach dem Melken beginnt das Käsen. Das Säuern der Milch führt zur Gerinnung, der entstehende Käsebruch wird in Formen gefüllt. Einen Monat später ist der Käse fertig.

Ohne blank polierte Glocken ist
im Münstertal ein Almauftrieb
kaum vorstellbar

Rund um den Münsterkäse

....

Gütesiegel
1969 erhielt der Münsterkäse das Gütesiegel AOC (Appellation
d'origine contrôlée). Münsterkäse darf sich also nur nennen,
was auch im Münstertal produziert wurde.

Besuch auf der Hochalm
Mahlzeit, Unterkunft und Käsedirektverkauf bietet die
Familie Wehrey in der „Ferme auberge Buchwald":
131, Oberbreitenbach, 68380 Breitenbach, Tel. 03 89 77 29 09

Haus des Käses
April–Okt. Di.–So. 10.00–18.00, Nov.–März bis 17.00 Uhr
Vorführungen zur Käseherstellung
um 11.00, 14.30 und 16.00 Uhr
Maison du Fromage
23, Route de Munster
68140 Gunsbach
Tel. 03 89 77 90 00
www.maisondufromage-munster.fr

Eine Region gerät ins Abseits

Bereits Mitte des siebenten Jahrhunderts gründeten Benediktinermönche an den Ufern der Fecht die Abtei Saint-Grégoire und damit die Keimzelle der Stadt Münster, die heute mit 5000 Einwohnern die „Hauptstadt" der Vallée de Munster ist. Lange profitierte das Münstertal als einer der wichtigsten Vogesenübergänge von seiner Lage. Später siedelte sich Textilindustrie an.

Doch nach dem Ersten Weltkrieg trudelte die Wirtschaft von einer Krise in die nächste. Nach der Schließung der letzten Textilfabrik 2009 gehörte das Tal endgültig zur Liga der strukturschwachen Regionen. Heute leben insgesamt etwa 16 000 Menschen über mehrere Dörfer verstreut im Tal, unter anderem zusammengeschweißt durch vier Blasmusikvereine, drei Gesangsvereine und allerlei Festivitäten rund ums Jahr.

Im Haus des Käses

Die Zeichen der Zeit hatte man längst erkannt – seit Jahren liefen die Planungen für ein „Haus des Käses", das ein Schaufenster für das Münstertal sein sollte. Gemeinsam mit dem Viehzüchterverband und den örtlichen Touristikern stemmte man das überwiegend aus der Staatskasse finanzierte Großprojekt. Dreißig Arbeitsplätze sind mit dem Käsehaus in Gunsbach entstanden.

Schon beim Eintreten werden Besucher mit Kuhglockenklang aus dem Lautsprecher eingestimmt. Multimedial raffiniert erzählt die Ausstellung die Geschichte des Tals und des Münsterkäses. Zweimal am Tag zeigt ein Senner oder eine Sennerin in Holzschuhen, wie dereinst in den Bauernhöfen der berühmte Rotschmierkäse mit dem kräftigen Geschmack erzeugt wurde.

Einerseits ermöglicht das acht Hektar große Areal also, sich rund um die Käseherstellung zu informieren, andererseits finden kleine Erzeuger hier einen Markt, um ihre Produkte an den Mann zu bringen. Und auch für die anderen Spezialitäten aus dem Tal bleibt genügend Raum.

Jean „Hansi" Wehrey legt letzte Hand an, damit seine Kühe einen tadellosen Eindruck machen, wenn der Viehauftrieb zur Hochalm Buchwald beginnt.

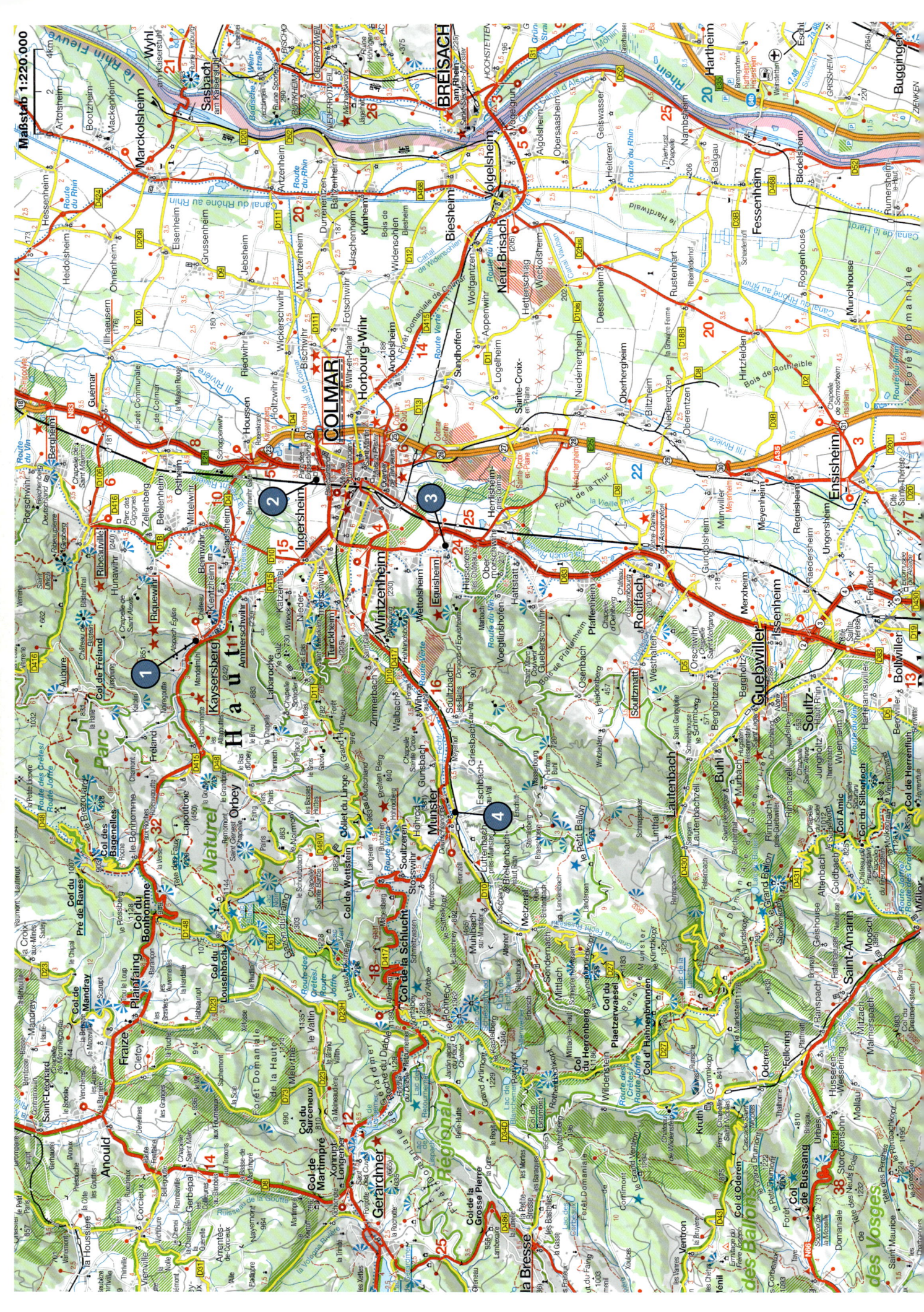

Kunst und Kühe

Mit dem Isenheimer Altar und der Fachwerk-Altstadt gilt Colmar als kulturelles Gravitationszentrum des Oberelsass. Kaysersberg und Eguisheim zählen zu den herausragenden Anlaufpunkten auf der Weinstraße. Jenseits davon schneidet sich das Münstertal tief in die Vogesen ein. Käse, Kühe und Wanderwege locken dort.

1 Kaysersberg

Die ehem. Stauferstadt (4700 Einw.) zählt zu den Schmuckstücken der Weinstraße. Ein wuchtiger Bergfried inmitten der Weinberge zeugt von der mittelalterlichen Epoche. Der „Urwaldarzt" Albert Schweitzer (1875–1965) wurde hier geboren.

SEHENSWERT
Schönstes unter all den schönen Häusern der **Altstadt** TOPZIEL ist das Renaissance-**Rathaus** (Hôtel de Ville; 1604). Als Teil der Stadtbefestigung spannt sich eine wuchtige **Brücke** (1514) malerisch über die Weiß. Von dort geht es zur Ruine der **Stauferburg** (12. Jh.). Das **Musée Albert Schweitzer** erinnert an den „Urwaldarzt" (126, Rue du Général de Gaulle; Mitte März–Mitte Nov. Do.–Di. 9.00 bis 12.00, 14.00–18.00 Uhr, Juli–Sept. tgl bis 19.00).

VERANSTALTUNG
Der **Weihnachtsmarkt** gehört zu den schönsten im Elsass. Statt Kitsch und Glitter zeigen Handwerker und Künstler der Region ihr Können (Fr.–So. an den Adventswochenenden).

HOTEL/RESTAURANT
€€€ **Le Chambard** gilt als beste Anlaufstelle für Feinschmecker in der Region. In der Winstub wird Elsässer Küche serviert. Das Hotel bietet auch Wellness (9–13, Rue du Général de Gaulle, Tel. 03 89 47 10 17, www.lechambard.fr).

EINKAUFEN
Seit 1998 baut die Domaine Weinbach ihre Reben biologisch-dynamisch an. Der Erfolg gibt Winzerin Colette Faller recht: Ihre Sylvaner und Rieslinge zählen zu den Spitzengewächsen (25, Route du Vin, Tel. 03 89 47 13 21, www.domaineweinbach.com).

UMGEBUNG
In **Kientzheim** (2 km östl.) hat das Elsässische Weinbaumuseum seinen Sitz (Château de la Confrérie Saint-Étienne, 1, Grand'Rue, www.musee-du-vignoble-alsace.fr; Juni–Ende Okt. tgl. 9.30–12.30, 15.00–18.00 Uhr, Mai nur Sa./So.). Die Weiß flussaufwärts gelangt man nach **Orbey** und ins reizvolle **Val d'Orbey**: unten Weinberge und Wälder, oben kahle Hochweiden, dazu die malerischen Karseen Lac noir und Lac blanc mit vielerlei Wanderwegen.

Altstadt von Kaysersberg mit dem Musée Albert Schweitzer im Hintergrund; Stauferburg über Kaysersberg; Maison des Têtes in Colmar

INFORMATION
Office de Tourisme, 39, Rue du Général de Gaulle, 68240 Kaysersberg, Tel. 03 89 78 22 78, www.kaysersberg.com

2 Colmar

Alle Fäden des elsässischen Département Haut-Rhin laufen in der Hauptstadt Colmar (70 300 Einw.) zusammen.

SEHENSWERT
Haupttreffpunkt für die meisten Besucher ist der Platz vor dem Unterlindenmuseum. Nach Süden zweigt die Rue des Têtes ab mit der **Maison des Têtes** (Nr 19; 1608), einem Fachwerkbau, den 100 Kopfmasken prächtig zieren. Der Maler Martin Schongauer gehört zu den berühmten Söhnen der Stadt; seine „Madonna im Rosenhag" (1473) wird in der gotischen **Église des Dominicains** ausgestellt (Urspr. 13. Jh.; Mitte März– Ende Nov. tgl. 10.00–13.00 u. 15.00–18.00, Juni–Okt. Fr., Sa. durchgehend, Ende Nov.–31. Dez. tgl. 9.00–18.00 Uhr). Gegenüber steht die gotische Stiftskirche **Collégiale Saint-Martin**, von den Colmarern gern als Ka-

thedrale bezeichnet (Mo. bis Sa. 8.30–18.30, So. 13.00–18.00 Uhr). Östl. liegt die ehemalige Franziskanerkirche **Saint-Matthieu**, heute Forum der Internationalen Musikfestspiele. Südwestl. davon steht die **Maison Adolphe** (1350), das älteste noch erhaltene Haus der Stadt. Vorbei an der benachbarten **Maison Pfister** (1537; Ecke Rue Mercière/Rue des Marchands) mit auffallendem Erker gelangt man auf den schönsten Platz der Stadt, die **Place de l'Ancien-Douanne** mit dem **Koifhus** (Kaufhaus; 1480).
Im Süden schließen das ehem. **Gerberviertel** (Quartier des Tanneurs), das **Fischerviertel** (Quartier de la Poissonnerie) und schließlich **La Petite Venise** TOPZIEL an, ein perfekt saniertes Vorzeigeobjekt, beliebtes Ziel zum Bummeln, Fotografieren und für Müßiggang.

MUSEEN
Eines der berühmtesten Museen Frankreichs hat im ehem. Kloster der Dominikanerinnen (13. Jh) seinen Sitz, das **Musée Unterlinden** TOPZIEL. Die meisten Besucher kommen hier-

her, um den Isenheimer Altar (1512–1516) von Matthias Grünewald zu sehen. Seit Herbst 2018 wird der Isenheimer Altar vier Jahre lang restauriert – bei laufendem Betrieb, sodass man den Restauratoren über die Schulter sehen kann. 2015 eröffnete ein Erweiterungsbau, in dem Kunst des 20. und 21. Jh. gezeigt wird. Die unterirdische Galerie, die das Kloster mit dem Neubau verbindet, bietet ein Panorama der Kunst des 19. und frühen 20. Jh. (Place d'Unterlinden, www.musee-unterlinden.com; tgl. außer Di. 9.00–18.00 Uhr). Über Frédéric-Auguste Bartholdi (1834–1904), der die New Yorker Freiheitsstatue erschuf, informiert das **Musée Bartholdi** in seinem Geburtshaus (30, Rue des Marchands, www.musee-barth oldi.fr; März bis Dez. Mi.–Mo. 10.00–12.00, 14.00–18.00 Uhr). Die Sammlung des **Spielzeugmuseums** (Musée du Jouet; 40, Rue Vauban, www.museejouet.com; Juli/Aug., Dez. tgl. 10.00–18.00, sonst Mi.–Mo. bis 17.00 Uhr) umfasst Spielzeug vom 19. Jh. bis heute. Die Geologie der Umgebung präsentiert das **Naturhistorische Museum** (Musée d'Histoire Naturelle et d'Ethnographie; 11, Rue Turenne, www. mnhn.fr; Mi. bis Mo. 10.00–12.00,14.00–17.00, So. 14.00–18.00 Uhr).

RUNDFAHRTEN
Kahnfahrten ab Brücke Saint-Pierre (April bis Sept. tgl. alle 30 Min. 10.00–18.00 Uhr), **Touristenzug** ab Unterlinden-Museum (tgl. 9.00 bis 18.00, März, Okt., Nov. 10.00–17.00 Uhr; Infos/ Tickets bei der Tourist-Information).

EINKAUFEN
In der **Markthalle** (Marché Couvert, Rue de l'École; 1865) gibt es elsässische Köstlichkeiten

Der Weinort Niedermorschwihr bei Turckheim; Nachtwächter von Turckheim; Weinlese am Rand der Vogesen

auf die Hand: Gemüse, Wurstwaren, Käse, Honig und vieles mehr.

HOTEL/RESTAURANT
Im €€€ **Maison des Têtes** wohnt man zentral und unter Fachwerkbalken höchst authentisch. Eine Augenweide sind auch die beiden Restaurants (19, Rue des Têtes, Tel. 03 89 24 43 43, www.la-maison-des-tetes.com.).
€€/€€€ **Le Colombier**, eines der besten Häuser Colmars, bietet großzügige, ansprechend gestaltete Zimmer (7, Rue Turenne, Tel. 03 89 23 96 00, www.hotel-le-colombier.fr). In Niedermorschwihr (7 km westl.) speist man im €€ **Caveau Morakopf** sehr gemütlich (7, Rue des Trois Épis, Tel. 03 89 27 05 10, www. caveaumorakopf.fr; So./Mo. Ruhetag).

UMGEBUNG
An die Expansionspläne des „Sonnenkönigs" erinnert die achteckige Vauban-Festung von **Neuf-Brisach** (16 km südöstl.), heute Unesco-Welterbe. Nach **Turckheim** (5 km westl.) fährt man, um Wein einzukaufen und mit dem Nachtwächter eine Runde durch den bildhübschen Ortskern zu drehen (ab Corps de Garde; Mai bis Okt. tgl. 22.00 Uhr).

INFORMATION
Office de Tourisme de Colmar, Place Unterlinden, 68000 Colmar, Tel. 03 89 20 68 92, www.tourisme-colmar.com

❸ Eguisheim

In diesem Winzerdorf (1700 Einw.) schlug angeblich die Geburtsstunde des elsässischen Weinbaus – im 4. Jh., als die Römer dort die ersten Reben pflanzten.

SEHENSWERT
Der geschlossene **Altstadtkern** zählt zu den besterhaltenen im ganzen Elsass. Die Gäss-

chen sind aber so eng, dass man sein Auto besser außerhalb lässt. Der hier geborene Papst Leo IX. (1048–1054) wird als Brunnenfigur am zentralen **Schlossplatz** geehrt. Gleich daneben wurden Turm und Portal der **Basilika** (11.–13. Jh.) modern erweitert; Buntglasfenster zeigen Szenen aus dem Leben des Papstes.

HOTEL/RESTAURANT
10 großzügige Zimmer mitten im Ortskern bietet die €€ **Hostellerie du Château** (2, Rue du Château, Tel. 03 89 23 72 00, www.hostellerie duchateau.com).
An warmen Abenden trifft man sich auf der Terrasse des €/€€ **Caveau Heuhaus** zum Flammkuchen (7, Rue Monseigneur Stumpf, Tel. 03 89 41 85 72, www.caveauheuhaus.com).

INFORMATION
Office de Tourisme, 22 a, Grand'Rue, 68420 Eguisheim, Tel. 03 89 23 40 33, www.ot-eguisheim.fr

❹ Munster

Münster (4600 Einw.) ist Zentrum des Vallée de Munster, das für den Münsterkäse berühmt ist. Die Stadt eignet sich zum Einkaufen und Informieren rund um Touren in die Vogesen.

SEHENSWERT
Keimzelle des Ortes war eine Benediktinerabtei (Urspr. 6. Jh.), die zu den geistigen Zen-

Im Winzerdorf Eguisheim schlug angeblich die Geburtsstunde des elsässischen Weinbaus, als die Römer hier die ersten Reben pflanzten.

tren ihrer Zeit zählte. Reste finden sich südl. des **Marktplatzes** (Place du Marché). Alles über Münsterkäse und Vogesenkühe erfährt man in der **Maison du Fromage** (siehe S. 94).

AKTIVITÄTEN
Um das 20 km lange **Münstertal TOPZIEL** ziehen sich rund 500 km markierte Wege für **Wanderer** und **Mountainbiker**. In Munster befindet sich eines der drei Informationszentren des Parc Régional Naturel des Ballons des Vosges (Broschüren, Infos und Wanderkarten; 1, Cour de l'Abbaye, www.parc-ballons-vosges. fr). Guter Ausgangspunkt für Touren ist der Parkplatz am Col de la Schlucht. Richtung Norden führt die Route des Crêtes zum Col du Bonhomme und Gazon du Faing, gen Süden geht es zum Grand Ballon (herrliche Rundsicht!). Nur für Schwindelfreie: der Klettersteig **Sentier des Roches** zwischen Col de la Schlucht und Hohneck; auch für Spaziergänger geeignet: die Hochweiden Gazon du Faing.

Tipp

Gipfelblüten

....

Rund 2 km südlich vom Col de la Schlucht direkt an der Route des Crêtes liegt ein botanischer Garten, der sowohl die in den Vogesen vorkommenden Flora zeigt als auch alpine Pflanzen. Ein Muss für Pflanzenfreunde!

JARDIN D'ALTITUDE DU HAUT CHITELET
Juni tgl. 10.00–12.00 und 14.00–18.00; Juli, Aug. durchgehend; Sept. tgl. 10.00–12.00 und 13.30–17.00 Uhr

UMGEBUNG
Der in Kaysersberg geborene Arzt, Theologe, Philosoph und Friedensnobelpreisträger Albert Schweitzer (1875–1965) verbrachte seine Kindheit im Münstertal-Dörfchen **Gunsbach**. Sein 1928 dort errichtetes Haus ist heute Albert-Schweitzer-Museum und Archiv mit vielen persönlichen Ausstellungsstücken, u. a. der Orgel, die den Weg nach Afrika und zurück mit ihm machte (www.schweitzer.org; Di.–Sa. 9.00 bis 11.30, 14.00–16.30 Uhr, 24. Dez–24. Jan. geschlossen.). Ein schöner Fußweg führt quer durch den Ort zu Stätten, die Schweitzer wichtig waren (Ausgangspunkt Pfarrhaus).

HOTEL/RESTAURANT
Die **€ Ferme Auberge du Christlesgut** ist ein Berggasthof, wie er im Buche steht: handfest und rustikal (162, Lieu dit Christlesgut, 68380 Breitenbach-Haut-Rhin, Tel. 03 87 75 111, www.christlesgut.com; Mitte April–Okt.).

INFORMATION
Office de Tourisme, 1, Rue du Couvent, 68140 Munster, Tel. 03 89 77 31 80, www.vallee-munster.eu

Genießen   Erleben   Erfahren

Bei der Weinlese

DuMont Aktiv

Ein Gutteil des elsässischen Weines
wird noch von Hand gelesen. Steile Hänge und Terrassen lassen Maschinenarbeit nicht zu. Kaum beginnt die Lese, hat die ganze Winzerfamilie zwei Wochen lang alle Hände voll zu tun. Versierte Hilfskräfte sind dabei natürlich gern gesehen, doch bei manchen Winzern dürfen auch unerfahrene Gäste mit anpacken.

September – die Zeit drängt.
Weinlese muss rasch vonstatten gehen. Denn hängen die Trauben zu lang an den Reben, ändert sich der Gehalt an Zucker und Säure, und das hat Auswirkungen auf Qualität und Lagerfähigkeit. Früh am Morgen zieht ein bunt gemischtes Völkchen in die Weinberge: der Winzer mit seiner Familie, Rentner, Studenten, angeworbene Erntehelfer und immer wieder auch hilfswillige Urlauber, die eine Lese hautnah erleben wollen.

Im Weinberg angelangt,
weist der Winzer die Gäste als Erstes in den Umgang mit der Rebschere ein. Wie ist sie zu halten, wo muss der Stiel abgeschnitten werden? Traube um Traube füllt sich allmählich die Kiepe und wird dann von den Trägern auf dem Rücken zum Traktor transportiert.

Weinlese ist harte Arbeit.
Bücken, aufrichten, bücken, aufrichten – das geht in die Knochen, vor allem wenn die Herbstsonne noch einmal so richtig in den Weinberg brennt. Als Belohnung nach einem arbeitsreichen Tag winkt das gemeinsame Abendessen, mit angeregten Gesprächen rund um Reben, Land und Leute, dazu ein wohlverdientes Glas Wein aus den Hängen, an denen man so geschuftet hat.

A bientôt, dans nos vignes!
„Bis bald, in unseren Weinbergen!", heißt es u. a. bei folgenden Winzern:

Domaine Rieflé-Landmann
7, Rue du Drotfeld, 68250 Pfaffenheim, Tel. 03 89 78 52 21, www.seppi-landmann.fr

Vignoble Klur (Demeter Betrieb)
105, Rue des Trois Épis, 68230 Katzenthal, Tel. 03 89 80 94 29, www.klur.net

Winzer Seppi Landmann beim Vesper mit seinen Erntehelfergästen

Ein friedlicher Ausklang

In und um Mulhouse ist das wirtschaftliche Zentrum des Oberelsass zu finden. Dazu trägt die Lage im Dreiländereck am Rheinknie bei. Heute pendeln die Arbeitskräfte über die Grenzen vor allem nach Basel und in den Freiburger Raum. Südlich von Mulhouse lockt der ruhige Sundgau alle Weinstraßen- und Fachwerkgesättigten, die eine reizärmere Erholung vorziehen.

Im Zentrum von Mülhausen, an der Place de la Réunion, steht der Temple Saint-Étienne.

Das Automuseum Cité de l'Automobile basiert auf der legendären Sammlung der Textilbarone Schlumpf und ist für die einzigartige Auswahl an Bugatti-Fahrzeugen weltweit bekannt.

Was wäre Frankreich ohne seine Markthallen? Das Elsass und natürlich auch Mülhausen machen da keine Ausnahme.

Musée de l'Impression sur Étoffes: Das Stoffdruckmuseum setzt der Textilvergangenheit ein Denkmal.

Landwirtschaft ist im Elsass wichtig: Auf dem Bauernmarkt in Mülhausen.

Textilfabrikanten aus Mulhouse zeigten der Welt, wie weit man es mit protestantischer Tüchtigkeit und Sparsamkeit bringen kann.

Vom zehnten Jahrhundert an hatte das Elsass zum deutschen Kaiserreich gehört, als es nach dem Dreißigjährigen Krieg an Frankreich fiel. Zwischen 1870 und 1945 wechselte die Region noch weitere vier Mal ihre Zugehörigkeit zu einem der beiden Länder. Fragt man heute einen Elsässer, welcher Nation er sich zugehörig fühlt, kann man durchaus die salomonische Antwort erhalten: „Ich bin Elsässer!"

Viele Ortsnamen klingen heute noch deutsch, doch es gibt immer weniger Menschen, die das „Elsässerditsch", einen deutsch-alemannischen Dialekt, tatsächlich sprechen.

„Abibac" für künftige Pendler

Deutschkenntnisse werden allerdings immer mehr zum Karrierefaktor – zumindest im Dreiländereck Schweiz, Deutschland und Frankreich. Rund sechs Millionen Einwohner leben im Großraum Basel, und viele von ihnen pendeln zum Leben und Arbeiten täglich über die Grenzen. Wer Deutsch spricht, hat auf dem deutsch-schweizerischen Arbeitsmarkt die besseren Chancen. Das Elsass hat darauf reagiert und bietet in vielen Schulen Deutschunterricht an. Seit 2011 gibt es sogar das „Abibac", eine Mischung aus deutschem Abitur und französischem Baccalauréat.

Stadt der hundert Schornsteine

Aus einer glanzvollen Vergangenheit als Kaiserstadt und Stadtrepublik entwickelte sich Mulhouse zum Manchester Frankreichs – mit allen Vor- und Nachteilen. Mit dem Calvinismus kamen der Einstieg ins Industriezeitalter und der wirtschaftliche Erfolg. Die Mulhousener Samuel Kœchlin, Jean-Jacques Schmalzer, Jean-Henri Dollfus und Jean-Jacques Feer gründeten 1746 gemeinsam eine Stoffmanufaktur und zeigten der Welt, wie weit man es mit protestantischer Tüchtigkeit und Sparsamkeit bringen kann. Ihr Unternehmen spezialisierte sich auf das Bedrucken von Baumwolle, ein Stoff, der damals seinen Siegeszug begann, und stieg zu einem der wichtigsten Zentren des Stoffdrucks in Europa auf. Weitere Textilfabriken öffneten, dazu gesellte sich Maschinenbau.

Zunächst fertigte man Webstühle, dann auch Dampfmaschinen, Lokomotiven und Kanonen. Immer mehr Schlote reckten sich in den südelsässischen Himmel, und Mulhouse erhielt den zweifelhaften Beinamen „Stadt der hundert Schornsteine". Doch ohne die Königin im Schmuddelkleid stünde das Elsass wirtschaftlich schlecht da. Die Kehrseite der Medaille: Wirtschaftskrisen trafen die Mülhauser Industrie stets ins Mark, egal ob man zu Frankreich oder Deutsch-

1971 begann sich eine private Initiative für den Erhalt vom Verfall bedrohter ländlicher Gebäude einzusetzen – Ursprung des Écomusée d'Alsace in Ungersheim. Mittlerweile wird das „Dorf" als kommerzieller Freizeitpark betrieben und gibt einen lohnenden Einblick in das ländliche Elsass vergangener Zeiten.

Im bäuerlichen Ambiente des Freilichtmuseums fühlen sich zahlreiche Störche sichtlich wohl.

land gehörte. Beschäftigte beispielsweise Peugeot-Citroën im Jahr 2002 noch rund 14 000 Mitarbeiter, sind es inzwischen nur noch knapp 10 000.

Zwei Seiten von Mulhouse

„Das Schöne ist, dass wir nicht in einem Korsett stecken", meint Guillaume Colombo, Mülhausens ehemaliger Tourismusdirektor. „Wir sind nicht mit einem starken touristischen Image behaftet, dadurch sind wir freier und können viele Entwicklungsmöglichkeiten besser nutzen." Das hat Mulhouse getan und clever seine Trumpfkarten gespielt. Mehrere hochkarätige Museen adeln die Peripherie der Stadt. Eine alte Gießerei durchlief

eine grandiose Metamorphose zur Kunsthalle und Universität. Mit dem „Tram-Train", einer hypermodernen Straßenbahn, die auch das Zugnetz befahren kann, schafft es der Besucher in 39 Minuten vom Stadtzentrum ins Weindorf Thann. Ein Großflughafen liegt vor der Haustür. Wer nicht fliegen mag, steigt in den TGV und lässt sich mit Hochgeschwindigkeit nach Paris oder ans Mittelmeer befördern.

Die kleine Innenstadt hat durchaus nette, gar richtig schöne Ecken, auch wenn das keiner glauben mag, der noch nie hier war. Illusionistische Malereien zieren etliche Hauswände, und Kunstobjekte überraschen an vielen Stellen.

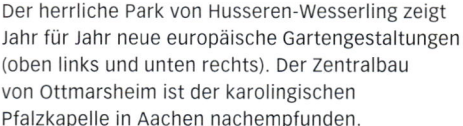

Der herrliche Park von Husseren-Wesserling zeigt
Jahr für Jahr neue europäische Gartengestaltungen
(oben links und unten rechts). Der Zentralbau
von Ottmarsheim ist der karolingischen
Pfalzkapelle in Aachen nachempfunden.

In Husseren-Wesserling wird demonstriert, wie sich Zier- und Nutzgarten vereinbaren lassen.

Schöne Blumen bekommt man auf den Märkten der Region – so auch bei Martha Schittly.

Rund um den Rathausplatz reihen sich Kneipen, Restaurants und Bars aneinander. Hier trifft sich eine multikulturelle Szene. Kein Wunder, ist doch der Migrantenanteil in der Arbeiterstadt so hoch wie nirgends sonst im Elsass. Und wieder schimmert eine neue Facette auf: Jeden Dienstag, Donnerstag und Samstag wird mit dem „Marché du Canal Couvert" der größte, bunteste und internationalste Markt des ganzen Elsass abgehalten: teils Basar mit orientalischen Gewürzen, teils Floh- und Kleidermarkt, teils Bauernmarkt für all die Kohlköpfe, Spargel, Erdbeeren, Weintrauben und Blumen des Dreiländerecks.

Futter für rechts

Doch es gibt auch Schattenseiten. In Vororten wie dem berüchtigten Bourtzwiller im Norden oder Coteaux, wo überwiegend Menschen aus Osteuropa und den ehemaligen Kolonien leben, flammen immer wieder soziale Unruhen auf. In den heruntergekommenen Banlieus scheint die soziale Integration auf der Strecke geblieben zu sein. Bandenkriege spielen sich neuerdings auch mitten im Zentrum ab – zum Entsetzen der braven Bürger. Gewaltausbrüche, die in Perspektivlosigkeit, hoher Jugendarbeitslosigkeit und Verlust der Identität wurzeln, spielen den rechtsextremen Parteien in die

Hände, allen voran dem Front National unter Marine Le Pen. Im Elsass feiert der FN regelmäßig seine größten Wahlerfolge – mit teilweise bis zu einem Drittel der Wählerstimmen. Auf Krawall ist Mulhouse aber keineswegs abonniert – in Straßburg gehen mehr Autos in Flammen auf. Ein Trost ist das nicht.

Im Karpfenland

Südlich von Mulhouse beginnt touristisches Niemandsland. Keine pittoresken Fachwerkdörfer, keine angesagten Museen, sondern eine hügelige Landschaft, in der Wanderwege schlecht beschildert sind und Radler auf Autostraßen ausweichen müssen. Wer aus dem Norden anreist, hat schon zu viele Burgen gesehen, als dass er sich noch an der kleinen Feste von Ferrette begeistern könnte.

Goldrichtig ist hier hingegen, wer sich an Burgen, Weinstraßen und Fachwerk sattgesehen hat. Das Juramassiv, das sich erst in der Schweiz und der Franche-Comté zu seiner vollen Pracht aufwerfen wird, versucht hier einen zarten Auftakt. Wie aus einer anderen Zeit wirkt das enge Tal der Largue, dessen Attraktion zwei vorgeschichtliche Höhlen sind, die als Abstellplatz genutzt werden. Irgendwo tuckert ein Traktor, der Wind bläst Wogen ins Getreidefeld, es duftet nach Sommerwiesen. Nichts geschieht.

Morgens kommt kurz Aktivität auf. Dann saugt die Schweiz Arbeitskräfte an, die sie abends wieder freigibt. Ansonsten rauscht der Wind für sich allein. Erst am Wochenende fallen die Basler im Sundgau ein, spielen Golf, residieren in ihren respektablen Landhäusern, reiten oder dinieren – spottbillig für Basler Verhältnisse.

Das Elsass insgesamt, besonders aber den südlichen Teil, verbindet eine lange Geschichte mit der Schweiz. Die Basler Bischöfe besaßen hier ausgedehnte Ländereien. Der Sundgau, früher Südgau, mit seinen fruchtbaren Feldern galt als der „Brotkasten der Eidgenossenschaft". Wer sich heute aus kulinarischen Grün-

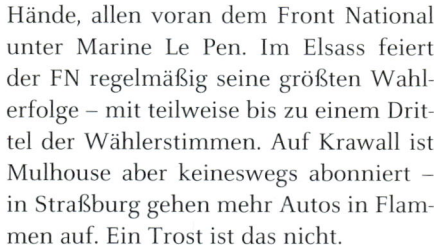

Irgendwo tuckert ein Traktor. Es duftet nach Sommerwiesen.

den in den Sundgau begibt, tut das oft wegen des gebackenen Karpfens. Elsässer essen dieses Gericht vornehmlich aus sentimentalen Gründen, weil es *carpe frite* früher an Weihnachten bei der Oma gab. Aus allen Himmelsrichtungen reisen hingegen die Käsefreunde an, um die besten Käse der Welt zu kosten: die aus dem Reifekeller von Bernard Antony in Vieux-Ferrette.

KERNKRAFTWERK FESSENHEIM

Alles abschalten?

Das elsässische Atomkraftwerk Fessenheim ging 1977 ans Netz. Heute ist es Frankreichs ältestes AKW. 2012 wurde seine Laufzeit um weitere zehn Jahre verlängert. Doch der Gegenwind aus der Bevölkerung nimmt zu.

In den 1970er-Jahren schlugen die Wogen der Empörung beiderseits des Rheins hoch. In Wyhl am Kaiserstuhl und im elsässischen Fessenheim nahe Colmar sollten Atomkraftwerke gebaut werden. Während das AKW in Wyhl verhindert wurde, gelang dies den Kernkraftgegnern bei Fessenheim nicht. Die scharfe Kritik an der „Centrale Nucléaire de Fessenheim" entzündete sich unter anderem an der mangelhaften Erdbebensicherheit – der Oberrheingraben gehört zu den erdbebengefährdeten Zonen.

Lange Zeit blieb der Widerstand auf Elsässer Seite überschaubar. Die französische Regierung und der mehrheitlich staatliche Stromriese EdF werben für Atomstrom als saubere und billige Energie. Tatsächlich ist der Strom in Frankreich für die Verbraucher nur halb so teuer wie in Deutschland. Mit zwanzig AKW-Standorten ist Frankreich das Land mit der größten Dichte an Kernkraftwerken. Es deckt drei Viertel seines Energiebedarfs damit. Und in Fessenheim profitieren viele Bewohner von dem Meiler vor der Stadt.

Schockwelle aus Japan

Am 11. März 2011 nahm das Verhängnis von Fukushima seinen Lauf. Die Folgen sind bekannt. Deutschland beschloss daraufhin den Atomausstieg bis 2022, die Schweiz will 2034 kernkraftwerkfrei sein.

Frankreich hingegen hält am Atomkurs fest, will seine Meiler sogar sechzig statt vierzig Jahre laufen lassen und neue Reaktoren bauen. Als Ergebnis des „Stresstests", den die EU nach der Katastrophe von Fukushima allen AKWs in ihren Mitgliedsländern verordnete, verlängerte die französische Atomaufsichtsbehörde Fessenheims Laufzeit um weitere zehn Jahre, unter wenigen Auflagen. So musste beispielsweise der Boden unter dem überdurchschnittlich störanfälligen AKW verstärkt werden, um größere Erdbebensicherheit herzustellen.

Der lange Abschied

Nach Fukushima hat in der Bevölkerung allerdings ein Umdenken eingesetzt. Fast vier Fünftel der Franzosen wünschen einen Ausstieg aus der Kernenergie. Im Präsidentschaftswahlkampf 2012 versprach François Hollande (Sozialistische Partei), Fessenheim sofort abzuschalten. Nach der Wahl visierte Hollande frühestens 2016 an. Auch sein Nachfolger Emmanuel Macron versprach ein Ende der vermutlich unsichersten Nuklearanlage der EU. Sein Termin: Sommer 2020. „Ich hoffe, dass das jetzt ein verbindlicher Termin ist, der nicht wieder in Frage gestellt wird", ließ daraufhin Baden-Württembergs Ministerpräsident Winfried Kretschmann (Grüne) verlauten.

Protest gegen das AKW Fessenheim 2012, nach der Reaktorkatastrophe von Fukushima (ganz oben) – und 1977, im Jahr der Inbetriebnahme

AKW Fessenheim

....

Typ/Baujahr
Druckwasserreaktor, zwei Blöcke mit je 880 Megawatt Nettoleistung.
Baubeginn 1972, Aufnahme des Betriebs 1977/1978

Betreiber
EdF (Électricité de France SA): 67,5 %
EnBw (Energie Baden-Württemberg): 17,5 %
Konsortium aus drei Schweizer Energieunternehmen: 15 %

Hauptkritikpunkte
unzureichende Erdbebensicherheit, unzureichende Sicherheit bei Hochwasser sowie Gefahr von radioaktiver Verseuchung des Rheins bei Störfällen

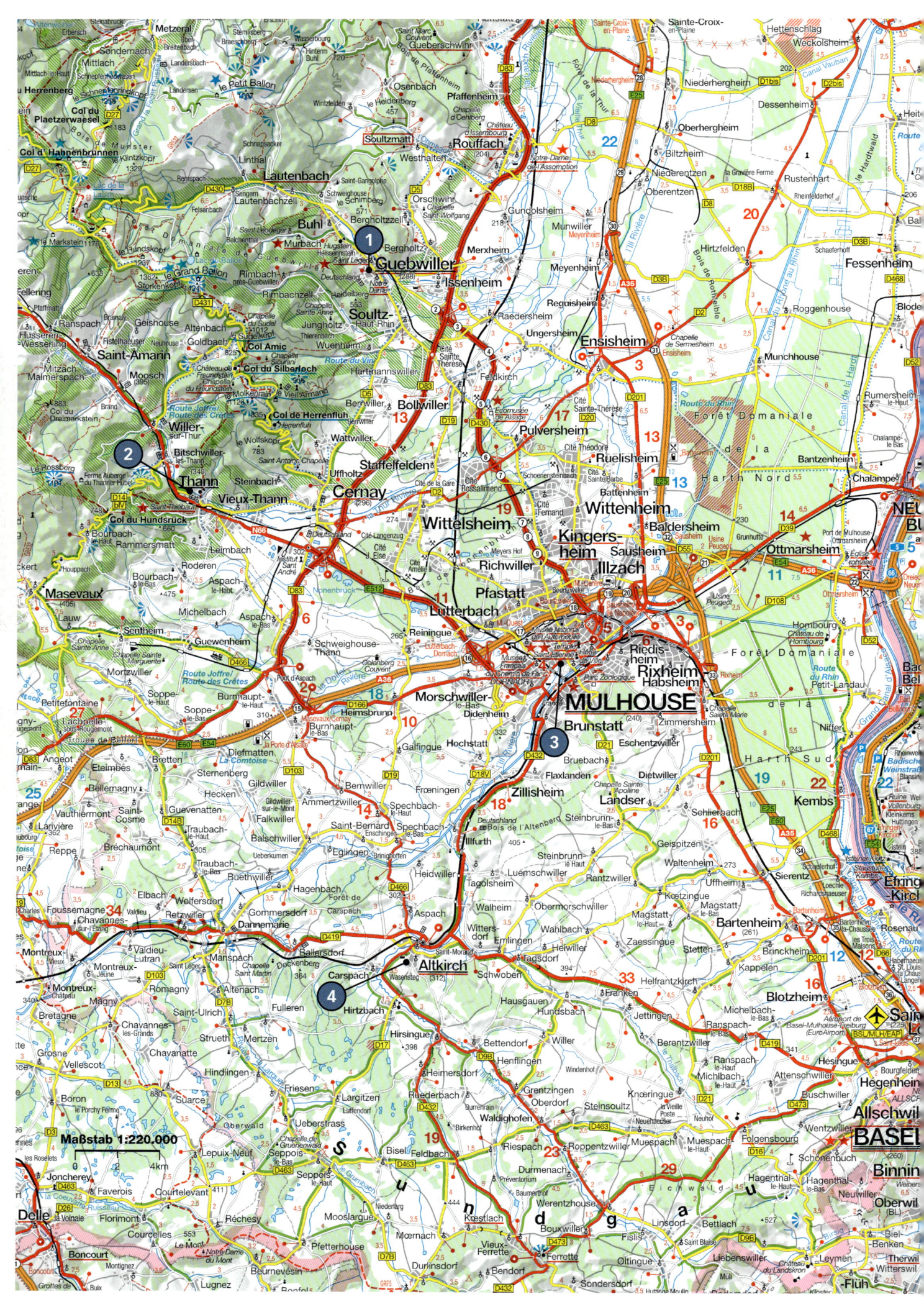

Stiller Süden

Als industrielles und wirtschaftliches Zentrum des Oberelsass sowie als Museumsstandort hat Mülhausen einen Namen. Eher unbekannt hingegen ist der restliche Süden. Im stillen Sundgau gehen die Uhren etwas langsamer.

❶ Guebwiller

Der Weinstraßenort Guebweiler (11 300 Einw.) nennt vier Grand-Cru-Lagen sein eigen. Die Besiedlung stand in enger Verbindung mit der Gründung der Abtei Murbach (728). Das 19. Jh. war von florierender Textilindustrie geprägt.

SEHENSWERT

Mächtig erheben sich die Türme der spätromanisch-gotischen **Kirche Saint-Léger** (12. bis 13. Jh.). In der gotischen ehem. **Dominikanerkirche** (1340) werden regelmäßig Konzerte gegeben. **Notre-Dame** (1760–1785) gilt als größte klassizistische Kirche im Elsass. Eines der ältesten Häuser ist das **Rathaus** (1514). Guebwiller liegt am Eingang des Lauch-Tals,

Blick auf den Grand Ballon; romanische Abteikirche Murbach; 2014 eröffneter „Parc du Petit Prince" in Ungersheim

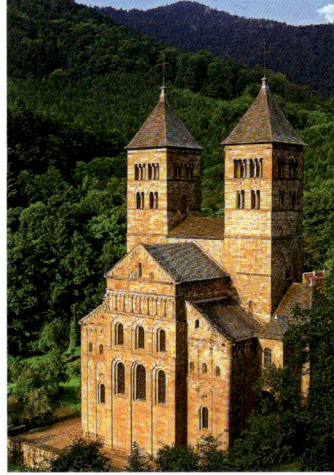

das hier Florival (Blumental) genannt wird. Über die Geschichte des Tals und den hier geborenen Keramikkünstler Théodore Deck (1823–1891) informiert das **Museum des Blumentals** (Musée Théodore Deck et des Pays du Florival; 1, Rue du 4 Février; Do., Fr. 14.00–18.00, Sa./So. auch 10.00–12.00 Uhr).

UMGEBUNG

Ein bedeutendes romanisches Bauwerk ist die ehem. Abteikirche (12. Jh.) in **Murbach**; Türme, Querhaus und Chor sind erhalten. Auch **Lautenbach** (nordw.) besitzt eine ehem. Klosterkirche (1145–1155). Für Insektenfreunde: das Vivarium du Moulin in **Lautenbach-Zell** (Di. bis So. 14.00–18.00, Juli/Aug. tgl. ab 10.00 Uhr, Dez. geschl.). Folgt man der Straße weiter, erreicht man den **Grand Ballon** (1424 m), den höchsten Vogesengipfel. Von dort windet sich die D 431 über den Col Amic, den im Ersten Weltkrieg strategisch wichtigen Hartmannsweilerkopf (Vieil Armand) und Col du Silberloch Cernay entgegen.
Am **Hartmannsweilerkopf** wurde 2017 ein großes Historial zur Erinnerung an den Ersten Weltkrieg eröffnet (Mai–11. Nov. tgl. 9.30 bis 18.00, Winter bis 17.30 Uhr). Eine Fahrtunterbrechung lohnt am aussichtsreichen **Molkenrain** mit seinen uralten Weidbuchen.

In **Ungersheim** (9 km östl.) kann man in Frankreichs größtem Freilichtmuseum erleben, wie einst Wagner, Sattler, Bäcker und Bauern arbeiteten (www.ecomusee-alsace.fr, mit Restaurant und Hotel; Juni–Aug. tgl. 10.00–18.00, April, Mai, Sept., Okt. Mo. geschl., Dez. Di.–So. 11.00–19.00 Uhr). Der „Parc du Petit Prince" bringt mit 33 Attraktionen Kindern die Abenteuer des Kleinen Prinzen von Antoine de Saint-Exupéry näher (April–Juni, Sept., Okt. Sa., So. 10.00–18.00, Juli/Aug. tgl. 10.00–19.00 Uhr; www.parcdupetitprince.com).

INFORMATION

Office de Tourisme de la région de Guebwiller, 45, Rue de la République 68500 Guebwiller, Tel. 03 89 76 10 63, www.tourisme-guebwiller.fr

❷ Thann

In Thann (7900 Einw.) endet die Elsässer Weinstraße. Hier wird der berühmte „Rangenwein" angebaut.

Tipp

Einfallsreiche Symbole

Neben Chrom, Lack und Motoren hat Mülhausens Automobilmuseum auch eine Kühlerfigurensammlung zu bieten. Bis 1958 war es möglich, sich die Figur für sein Nobelauto individuell entwerfen zu lassen. Dabei bewiesen die Kunden Humor und Einfallsreichtum. Ein Metzger setzte sich eine silberne Wurst auf seinen Rolls Royce, andere wählten ein Kätzchen oder einen zähnefletschenden Hund. Sammlerinteresse wecken auch „serienmäßige" Figuren: Der Elefant, der den Bugatti Royale zierte, erzielte auf einer Auktion stolze 238 000 €.

CITÉ DE L'AUTOMOBILE
siehe S. 112

SEHENSWERT

Konkurrenz für das Straßburger Münster: die **Stiftskirche Saint-Thiébaut** (1332–1516) mit ihrem 78 m hohen Spitzturm.

UMGEBUNG

Wintersportler, Wanderer und Radfahrer zieht es zum **Grand Ballon** (1424 m, 18 km nördl.) und **Ballon d'Alsace** (1250 m, 40 km westl.). **Husseren-Wesserling** (12 km nordw.) wurde wie Mulhouse durch Textilindustrie reich. Die Werkhallen beherbergen das Museum der königlichen Textilmanufaktur Wesserling (Eco-musée textile), eine ungewöhnliche, einfalls-reiche Schau mit Wechselausstellungen und tgl. Vorführungen im Spinnen, Weben, Färben. Ringsum erstreckt sich der Parc de Wesserling, mit fünf Gartenanlagen herausragendes Bei-spiel europäischer Gartenbaukunst (www.parc-wesserling.fr; Park April–Okt. tgl. 13.00 bis 18.00, Juni–Sept. ab 10.00; Museum April, Mai, Okt.–Dez. Di.–So. 10.00–12.00, 14.00–18.00 Uhr, Juni–Sept. tgl. und durchgehend).

INFORMATION

Office de Tourisme de Thann-Cernay, 7, Rue de la 1re Armée, 68800 Thann, Tel. 03 89 37 96 20, www.hautes-vosges-alsace.fr

❸ Mulhouse

Industrie prägt die ehem. Freie Reichsstadt Mülhausen (110 400 Einw.), heute zweitgrößte Stadt des Elsass. Einst bescherten die Textil-barone dem „französischen Manchester" wirt-schaftlichen Aufschwung, heute ist Peugeot-Citroën größter Arbeitgeber. Nirgendwo im Elsass kämpft man mehr mit der Arbeitslosig-keit. Museen und die schmucke Innenstadt versöhnen mit der Tristesse des Umlands.

SEHENSWERT

Cafés und Restaurants beleben die zentrale **Place de la Réunion.** Der Name erinnert an 1798, als Mülhausen seine Stadtschlüssel sym-bolisch an Frankreich übergab. Die große Frei-treppe der Kirche **Temple Saint-Étienne** (1866) bietet sich als legerer Treffpunkt an; im Inneren sollte man sich die Buntglasfenster (14. Jh.) ansehen, die aus dem Vorgängerbau gerettet wurden. Der Prachtbau nebenan ist das Renaissance-**Rathaus** (1552); die Fassaden-malerei thematisiert die 300-jährige Allianz mit der Schweizer Eidgenossenschaft. Rechts um die Ecke hängt der „Klapperstein", Kopie einer 13 kg schweren Schandmaske, die bis 1791 Verleumdern um den Hals gehängt wurde. Be-kannt ist Mülhausen für illusionistische **Fassa-denmalereien,** u. a. in der Cour des Chaînes. **Einkaufsmeile** der Stadt ist die Rue du Sau-vage (Wildemannsgass).
Nördl. des Zentrums beherbergt die **Tour de l'Europe** (1972) des Mülhausener Architekten François Spoerry ein Panoramarestaurant. Südl. des Bahngeländes erstreckt sich der Rehberg, ein ruhiges Villenviertel. Hier ist der **Zoologisch-Botanische Garten** zu finden;

Eisenbahnmuseum Mülhausen; Natur-reservat Petite Camargue Alsacienne; Stiftskirche Saint-Thiébaut in Thann

herrlich ist die Pfingstrosenblüte im Mai/Juni (Parc Zoologique et Botanique; Eingang: 111, Av. de la 1ère Division Blindée, www.zoo-mulhouse.com; Mai–Aug. tgl. 9.00–19.00 Uhr, sonst kürzer).

MUSEEN

Mekka der Autoliebhaber ist das **Automobil-museum TOPZIEL**. Anhand von über 400 po-lierten Raritäten wird die Geschichte des Autos erzählt. Bugatti Royale, Maybach, Rolls Royce, Mercedes – was Rang und Namen hat, ist hier versammelt. In Simulatoren darf man selbst ans Steuer; für Kinder gibt es eine Erlebniswelt. Im Autodrom knattern an Wochenenden ein-zelne Fahrzeuge live ihre Runden (Cité de l'Automobile/Collection Schlumpf; 15, Rue de l'épée, www.citedelautomobile.com; April bis Okt. tgl. 10.00–18.00, Nov./Dez., Febr./März bis 17.00, Jan. Mo.–Fr. 13.00–17.00, Sa./So. 10.00 bis 17.00 Uhr).
Eine andere Art des Reisens ruft das **Eisen-bahnmuseum TOPZIEL** in Erinnerung, mit noblen Waggons, zig Lokomotiven und Trieb-wagen ebenfalls ein Technikmuseum ersten

In der Geschichte der Stadt kann man im **His-torischen Museum** im Rathaus blättern (Musée Historique; www.musees-mulhouse.fr; geöffnet wie Kunstmuseum).

EINKAUFEN

Di., Do. und Sa. findet der größte **Markt** Ost-frankreichs statt, mit Spezialitäten aus aller Herren Länder und vielerlei Krimskrams (Canal Couvert, Rue Franklin, Av. Aristide Briand, Bou-levard Roosevelt). Köstlichkeiten von **Pralinen** über **Torten** bis **Eis** bieten Pâtisserie Jacques

> *Mülhausens Museen und die schmucke Innenstadt versöhnen mit der Tristesse des Umlands.*

Ranges (Cité du Train; 2, Rue Alfred de Glehn, www.citedutrain.com; April–Okt. 10.00 bis 18.00, Nov.–März bis 17.00 Uhr).
Mit 6 Mio. Stoffmustern und Druckmaschinen pflegt das **Stoffdruckmuseum** die Erinnerung an die Textilära; sehr spannend sind die Druck-vorführungen (Musée de l'Impression sur Étof-fes; 14, Rue Jean-Jacques Henner, www.mu-see-impression.com; Di.–So. 10.00–12.00, 14.00–18.00 Uhr). Im **Elektrizitätsmuseum** des französischen Stromriesen EdF erfährt man alles über den elektrischen Strom (Musée EDF Électropolis; 55, Rue du Pâturage, www.musee-electropolis.fr; Di.–So. 10.00–18.00, Nov.–März bis 17.00 Uhr).
Europäische Malerei zeigt das **Kunstmuseum** (Musée des Beaux-Arts; 4, Place Guillaume Tell, www.musees-mulhouse.fr; Juli, Aug. 10.00 bis 12.00, 13.00–18.00, Sept.–Juni Mi.–Mo. 13.00 bis 18.30 Uhr, Fei. geschl.).

sowie Café Mozart (50, Av. d'Altkirch und 25, Place de la Réunion). Gleich nebenan zeigt Au Bouton d'Or eine fantastische Auswahl bester **Käse** (5, Place de la Réunion).

VERANSTALTUNGEN

Ein Schaulaufen der auf Hochglanz polierten Karossen ist die **Oldtimer-Parade** Anf. Juli. Der **Weihnachtsmarkt** mit jährlich neu ent-worfenem Weihnachtsstoff, der alle Läden und Buden ziert, geht vom 1. Advent bis 27. Dez.

HOTEL

Bestes Haus am Platz ist das zentral gelegene **€ € Hotel du Parc** mit Zimmern im Art-déco-Stil. In „Charlie's Bar" klingt ein Tag bei Live-musik herrlich entspannt aus. Gourmetküche hat das Restaurant im Haus zu bieten (26, Rue de la Sinne, Tel. 03 89 66 12 22, www.hoteldu parc-mulhouse.com).

UMGEBUNG

Eine zauberhafte Welt eröffnet das **Tapeten-museum** in der Deutschordenskantorei (1740) in **Rixheim** (östl.); die Panoramatapeten sind überwältigend (Musée du Papier Peint; 28, Rue Zuber, www.museepapierpeint.org; Mai–Okt. tgl., sonst Mi.–Mo. 10.00–12.00, 14.00–18.00 Uhr). Die 1049 geweihte Kirche Saint Pierre-et-Paul in **Ottmarsheim** (12 km nordöstl.) ist eine Nachbildung der karolingischen Pfalzkapelle Karls des Großen in Aachen.

INFORMATION

Office de Tourisme, 1, Av. Robert Schumann, 68100 Mulhouse, Tel. 03 89 35 48 48, www.tourisme-mulhouse.com

4 Altkirch

Die Altstadt des Hauptorts (5700 Einw.) des Sundgau liegt auf einem Hügel, von dem der Blick weit ins Land der gebackenen Karpfen, der Weiher, Wälder und kleinen Flüsse geht.

SEHENSWERT

Einige Ecken wirken etwas heruntergekommen, umso schöner ist es, auf dem Gipfel des Alt-stadthügels anzulangen und vom Kirchplatz die Aussicht zu genießen. In der neuromani-schen **Kirche Notre-Dame** (1886) lohnt ein Blick auf die Ölbergstatuen. Geschichte und Kultur beleuchtet das **Sundgaumuseum** in einem Renaissance-Gebäude neben dem Rat-haus (Musée Sundgauvien; Juli/Aug. Di.–So., sonst nur So. 14.30–17.30 Uhr).

UMGEBUNG

Attraktiver als Altkirch ist die mittelalterliche Altstadt des Örtchens **Ferrette** (20 km südl.), Perle des Südelsass. Hoch über dem Ort thront die Burgruine Hohenpfirt (612 m) mit herrlicher Aussicht und einem Kräutergärtlein unterhalb. Ringsumher zahlreiche Wander- und Radel-möglichkeiten. Die Tourismusinformation am Ortseingang hält Karten und Wanderflyer bereit (Vorsicht: Wegmarkierungen sind nicht immer verlässlich!). „Käsepapst" Bernard Antony ver-kauft in Vieux-Ferrette seine Köstlichkeiten (siehe auch S. 75).

RESTAURANT

Gebackener Karpfen ist die Spezialität des teichreichen Sundgau. Mit am besten wird die *carpe frite traditionelle,* also mit Pommes frites und grünem Salat, im Dorfgasthaus €€ **La Couronne** in Carspach zubereitet (9, Rue de Steinsoultz, Tel. 03 89 40 93 09 ; So. abends, Di., Mi. Ruhetage).

AKTIVITÄTEN

Die verkehrsarmen Landstraßen laden zum Radeln ein. Wo am besten, zeigt die Karte „Le Sundgau à vélo" der Tourist-Information.

INFORMATION

Office de Tourisme du Sundgau, Sud-Alsace, 10, Place des Trois Rois, 68130 Altkirch, Tel. 03 89 40 02 90, www.sundgau-sudalsace.fr

---

Genießen   Erleben   Erfahren

Klein-Camargue im Elsass

Unweit von Saint-Louis im Dreiländereck erstreckt sich das Naturreservat Petite Camargue Alsacienne. Mehrere Pfade durchziehen diesen letzten Rest Urwald am Rhein, ein Gebiet voller Naturschönheiten. Beobachtungsstände erlauben es, seltene Vögel zu betrachten, ohne sie zu stören. Rund 200 Arten hat man hier gezählt.

Der Großflughafen Mulhouse-Basel scheint zum Greifen nah, und doch ist man mit wenigen Schritten mitten im Dschungel der Rheinauen. Sechs Rundwanderwege stehen zur Auswahl, alle sind ebenerdig und haben Spaziergangscharakter. Schmale Pfade führen zwischen verschlungenen Wasserarmen und Röhricht hindurch, aus tiefem Grün ertönt Gewisper von unsichtbarem Getier. Kalmus wächst im Schlick eines Altarms, früher eine begehrte Heilpflanze, heute nahezu vergessen.

Seerosen in Weiß und Rosa veredeln die tiefdunklen Wasser-löcher. Vielblütige Orchideen gedeihen auf den trockenen Hügeln aus Kiesablagerungen. Auf den Beobachtungsständen vergisst man die Zeit. Entenvögel tummeln sich, pfeilschnell tauchen Eisvögel auf der Suche nach Beute ins Wasser, eine Bisamratte kommt ins Blickfeld. Im Mai erklingt in der Abenddämmerung schmelzend der Nachtigallengesang.

Ausgangspunkt
Parkplatz nördl. von Saint-Louis-Neuweg, am Sportplatz. Von dort 20 Gehminuten zum Naturschutzhaus.

Exkursionen
Die Touren beginnen am Naturschutzhaus. Je nach Verweilzeit auf den Beobachtungs-ständen dauern sie zwischen 30 Min. und bis zu mehreren Stunden.

Naturschutzhaus
Die ehem. Fischfarm ist heute Forschungs-einrichtung und Vogelberingungsstation. Für Besucher gibt es Dauer- und Wechsel-ausstellungen: März–Okt. tgl. 9.00–17.00, Sa. nur 13.30–17.30 Uhr; der Eintritt ist frei. Maison de la Réserve Naturelle, 1, Rue de la Pisciculture, 68300 Saint-Louis, Tel. 03 89 89 78 59, www.petitecamargue alsacienne.com

Die Wanderwege durchs Naturschutzgebiet sind gut markiert. Einen Plan und den Flyer des Vereins Petite Camargue Alsacienne findet man auch auf der sehr informativen Homepage.

Die besten Feste im Elsass

Ein Anlass findet sich immer

Traditionelle Straßenfeste mit Trachtenumzug, Musik und kulinarischem Genuss sind im Elsass nach wie vor äußerst beliebt und ziehen zahlreiches Publikum an. Nicht anders verhält es sich mit den Weinfesten. Hier eine Auswahl der schönsten und buntesten Feiern.

2 Trachten

Auch das Nordelsass hat sein Folkorehighlight: Bei der Streisselhochzeit in Seebach geben sich jedes Jahr aufs Neue „Bawele und Schorsch" das Jawort, wie zu Großmutters Zeiten. Anschließend formieren sich 150 Trachtenpaare zu einem Umzug, der rund anderthalb Stunden dauert. Die Trachten stammen aus verschiedenen Regionen des Elsass, mit jeweils eigener Kleidertradition. Beeindruckend ist der Variantenreichtum bei den Hauben der Damen – von dezenten Schleifen bis zu bombastischen Goldhauben mit Spitzenkranz –, niedlich der herausgeputzte Nachwuchs, der voll Stolz die originalgetreue Kindertracht mit Schürzchen, Schleifen, Spitzenblusen und Kappen trägt. Streissel (elsässisch für Sträußchen) hebt auf den Blumenschmuck ab, den die Mädchen und Frauen im Haar tragen.

Am Vorabend der Hochzeit, also Samstagabend, wird die Fachwerk-Altstadt bei der „Nacht der tausend Lichter" aufwendig illuminiert. Unbedingt einen Blick in die Innenhöfe werfen! Dort wird alte Handwerkskunst gezeigt.

Streisselhochzeit, Seebach: Wochenende nach dem 14. Juli, www.streisselhoch zeit-seebach.com

1 Mittelalter

Mittelalter liegt im Trend. Auch Ribeauville an der Weinstraße verfällt in einen Ausnahmezustand, wenn mit dem Pfifferdaj das größte und älteste Folklorefest im Elsass steigt. „Pfiffer" (Pfeifer), Straßenmusikanten und Gaukler geben sich in teils originalgetreuer, teils fantasievoller Mittelalterkluft ein Stelldichein und holen längst vergangene Zeiten in die engen Gassen des Fachwerkstädtchens zurück. Eine, auch historisch, bunt zusammengewürfelte Mischung aus Rittern und Wikingern, Excaliburträgern und Nibelungen, Hexen und Zauberern, schönen Fräulein und galanten Edelleuten feiert ausgelassen. Höhepunkte sind der Fackellauf am Samstagabend und der Umzug der Spielleute am Sonntag. Wer am Festsonntag ins Städtchen will, zahlt 8 € Eintritt, Kinder 4 €. Wer dem Treiben von der Tribüne aus zusehen möchte, muss weitere 10 € in die Hand nehmen.

Pfifferdaj, Ribeauvillé: 1. Wochenende im Sept., www.ribeauville.fr

ELSASS

DEUTSCHLAND

Strasbourg

Colmar

Mulhouse

Belfort

SCHWEIZ

4 Wein

Weinfeste feiert so ziemlich jedes Winzerdorf rechts und links der Weinstraße. Das wohl älteste und mit das schönste ist das in Eguisheim, denn das rund um die Burg aufgebaute Dorf ist selbst fürs Elsass ungewöhnlich malerisch. Wichtig für ein Weinfest ist aber vor allem der Wein, und da hat Eguisheim beste Lagen aufzuweisen; die Grand Crus wachsen am Eichberg und Pfersigberg. Beim Fest öffnen die örtlichen Winzer Keller und Fass, dazu gibt es Essen in Fülle, Musik und viel, viel Publikum.

Winzerfest, Eguisheim: Letztes Aug.-Wochenende, Eintritt in die Altstadt Sa. bis 19.00 Uhr 6 €, nach 19.00 Uhr 9 €. So. 3 €

3 Blumen

Nicht nur für Blumenfreunde ein Fest: der Corso fleuri in Sélestat. Er geht auf einen 1927 abgehaltenen Umzug anlässlich eines Bauernkongresses zurück, der sich mittlerweile zum Fest der 500 000 Dahlien entwickelt hat. Im Zentrum des Geschehens stehen zwölf über und über mit Dahlien geschmückte Themenwagen. Gezogen werden sie von liebevoll restaurierten Oldtimer-Traktoren – bei der Parade 1927 begnügte man sich noch mit geschmückten Mistkarren. Flankiert werden die Wagen von Trachtenträgern, leicht bekleideten Sambamädchen, Men-

schen in Fantasiekostümen, Musikkapellen, Stelzengängern, Fackelträgern, Jongleuren – eine fröhliche Portion Lebenslust mit Spaß an der Verkleidung. Auf dem „Marché saveurs et artisanat" werden die kulinarischen Perlen der Region präsentiert, Wein gibt es auf der Place de la Victoire. Der Dahlie selbst wird auch im Jardin du Dahlia mit einem geführten abendlichen Rundgang gehuldigt.

Corso fleuri, Sélestat: 2. Samstag im Aug., Umzug ab 18.00 Uhr, Eintritt Tribüne ab 10 €, www.corso-fleuri.fr

5 Sauerkraut

Ganz im Zeichen des Kohls steht die „Fête de la choucroute", das Sauerkrautfest, in Krautergersheim. Das Dorf und seine Nachbargemeinden bilden das Zentrum der französischen Kohlproduktion, mit Weißkohl kennt man sich hier aus. Nicht nur mit dem Anbau, auch kulinarisch. Wer bei Sauerkraut an die wuchtige Beilage deutscher Küchentradition denkt, kann sich hier genüsslich eines Besseren belehren lassen. Kraut in allen Variationen kommt auf die Biertische: als elsässisches Sauerkraut, als Beilage zu edlem Fisch, zu herzhaften Wurstplatten und vieles

mehr. Wichtig: Kraut muss mindestens eine Stunde kochen, damit es die gewünschte Zartheit erhält. Wie auf der anderen Seite des Rheins gibt man auch im Elsass bevorzugt Lorbeer und Wacholderbeeren ans Kraut, dazu einen Schuss elsässischen Weißwein. Beim Festumzug applaudiert das Publikum dekorierten Erntewagen, auf denen sich Kohlköpfe, von Meisterhand aufgeschichtet, in unglaublicher Höhe stapeln.

Sauerkrautfest Krautergersheim: Letztes Sept.-Wochenende. Folkloreumzug Sonntag

Feinschmecker können sich im Elsass auf herrliche Erlebnisse freuen, ob beim Hauptgericht, beim Dessert oder beim begleitenden Wein.

Service

Das ABC der regionalen Küche, die wichtigsten Geschichtsdaten, Adressen oder Verkehrsregeln – hier ist das Grundwissen Elsass kompakt zusammengestellt.

Anreise

Mit dem Auto: Über die Europabrücke Kehl/Straßburg, dann via französische Autobahn A 35 nach Straßburg, Colmar, Mülhausen und bis zum Dreiländereck Basel. Weiterer Rheinübergang bei Ottmarsheim. Aus der Schweiz führen die A 2 bzw. A 3 an die französische Grenze bei Basel (Zollabfertigung Schweiz/Frankreich; in der Schweiz wird eine Plakette für die Autobahnnutzung benötigt!). Wichtigste Verkehrsachse des Elsass ist die A 35, die im Unterschied zu den meisten anderen französischen Autobahnen keine Maut kostet.
Mit der Bahn: ICE/IC-Anbindung besteht von Frankfurt und Stuttgart nach Straßburg, Colmar und Mulhouse. Der TGV *(train à grande vitesse)* verbindet München, Stuttgart und Frankfurt mit Straßburg und Saverne, nach Umsteigen in Straßburg auch mit Colmar und Mülhausen. Auskünfte für Deutschland unter www.bahn.de oder Tel. 01 80 69 96 63 3; für Frankreich unter www.voyages-sncf.com oder www.sncf.com/fr/trains/ter, Tel. 00 33 89 23 53 535 (aus dem Ausland) bzw. Tel. 36 35 (in Frankreich).
Mit dem Flugzeug: Verbindungen bestehen zu den Flughäfen Straßburg-Entzheim (www.strasbourg.aeroport.fr) und Mulhouse/Basel/Freiburg (www.euroairport.com).

Auskunft

Überregional: Die Französische Zentrale für Tourismus, Atout France, steht für Informationen nur noch online zur Verfügung.
Deutschland: de.france.fr
Österreich: at.france.fr
Schweiz: ch.france.fr

Regional für das gesamte Elsass:
Alsace Destination Tourisme
1, Rue Camille Schlumberger
68006 Colmar
Tel. 03 89 20 10 68
www.alsace-destination-tourisme.com

Agence d'Attractivité de l'Alsace
24, Rue de Verdun, 68000 Colmar
Tel. 03 89 29 81 00
www.tourisme-alsace.com
www.experience.alsace

Autofahren

Höchstgeschwindigkeit: Die zulässigen Höchstgeschwindigkeiten betragen auf der Autobahn (Autoroute) 130 km/h (bei Nässe 110 km/h), auf der Landstraße (Route Nationale, Route Départementale) 90 km/h (bei Nässe 80 km/h) und in geschlossenen Ortschaften 50 km/h. Für Führerscheinneulinge (Besitz der Fahrerlaubnis weniger als drei Jahre) gilt auf Autobahnen ein Limit von 110 km/h, auf Schnellstraßen 100 km/h und auf Landstraßen 80 km/h.
Besonderheiten: Vorfahrt haben Fahrzeuge im Kreisverkehr. Straßenbahnen haben immer Vorfahrt. Bei Regen und Schneefall ist mit Abblendlicht zu fahren. Verboten ist das Telefonieren beim Fahren sowie das Parken vor Krankenhäusern, Postämtern, Polizeistationen und an gelb markierten Bordsteinen. Es besteht Warnwestenpflicht bei Pannen oder Unfällen.
Alkohol: Die Obergrenze der erlaubten Blutalkoholkonzentration liegt bei 0,5 Promille.
Bußgelder: Die verhängten Bußgelder sind oftmals deutlich höher als in Deutschland.

Essen und Trinken

Gerichte: Die berühmte Elsässer Küche hat ihre Wurzeln in der traditionellen Hausmannskost, zeigt aber gleichzeitig deutliche französischen Einflüsse. „Französische Qualität und deutsche Portionen", so bringt es Tomi Ungerer auf den Punkt. Viele Gerichte sind überregional bekannt, so der **Flammkuchen** *(Tarte flambée)*: Rahm, Weißkäse, Speck und Zwiebeln bilden den klassischen Belag. Der Variationsfreude sind keine Grenzen gesetzt. Eine Köstlichkeit aus dem Münstertal ist die **Fleischschneke,** mit Fleisch gefüllter Nudelteig, der in Streifen geschnitten wird – sehr habhaft! Zu den besonders köstlichen Spezialitäten zählt der **Baeckeoffe,** ein Eintopf mit Kartoffeln und drei in Wein marinierten Fleischsorten. Im Sundgau gehört **Carpe frite,** gebackener Karpfen, zu den typischen Gerichten; der Fisch wird mit Mayonnaise, Zitrone, grünem Salat und Pommes frites serviert. Bei der **Foie gras** scheiden sich die Geister: Gänsestopfleber gehört zu den Spezialitäten der Region, wird aber von Tierschützern ge- und verschmäht. **Sauerkraut** wird in der Gegend um Marckolsheim angebaut und steht als „Choucroute" oder „Sürkrüt" auf der Karte, mittlerweile auch als Begleiter von Fisch. Klassischerweise gehören deftiges Schweinefleisch, geräucherte Wurst

Unscheinbare Köstlichkeit aus Vieux-Ferrette: Bernard Antony mit einem seiner Käse

und Kartoffeln dazu. Sehr viel leichter ist **Coq au Vin** (Hähnchen in Wein), das in Elsässer Riesling gegart „Coq au Riesling" heißt und mit Nudeln oder Spätzle serviert wird.

Unbedingt probieren (am besten zum Wein) **Kougelhopf**, ein Hefeteig-Napfkuchen, der in der berühmten Gugelhupfform gebacken wird. In seiner süßen Variante befinden sich Rosinen und Mandeln im Innern; salzig gibt es ihn mit Speck und Nüssen.

Der bekannteste Käse der Region ist der **Münsterkäse**, ein teils zart, teils kräftig schmeckender Weichkäse aus der Milch der Vogesenkühe. Man kauft ihn in Munster oder direkt beim Erzeuger auf einer *Ferme auberge*. Gut sortierte Feinkost- und Käsegeschäfte haben eine ganze Auswahl auf Lager.

Getränke: Zwischen dem Rheintal und den Höhen der Vogesen breiten sich auf einem 100 km langen und 3 km breiten Streifen Rebstöcke aus. Für Elsässer **Wein** wird nur eine rote Rebsorte angebaut, der Pinot Noir. Die weißen Sorten sind Sylvaner, Weißburgunder (Pinot Blanc), Muscat, Riesling, Pinot Gris und Gewürztraminer. Die Klassifizierung erfolgt nach drei kontrollierten Herkunftsbezeichnungen, sogenannten Appellations d'Origine Contrôlée. AOC „Alsace" bezeichnet unverschnittene Weine aus einer einzigen Rebsorte. AOC „Alsace Grand Cru" kennzeichnet Produkte der Grand-Cru-Lagen, AOC „Crémant d'Alsace" Schaumweine. Die Rebsorte geht, wenn nur eine verwendet wurde, aus dem Etikett hervor. Grundsätzlich füllen die Winzer ihren Wein in die charakteristischen *flûtes* ab, schlanke Flaschen, die in den Weinregalen schon von Weitem erkennbar sind. Auch die wichtigste Touristenstraße des Elsass widmet sich dem Wein: Die Route des Vins, die Elsässische Weinstraße, zieht sich über 170 km und gut hundert Ortschaften von Marlenheim bis Thann (www.alsace-route-des-vins.com). Über Weinproben, -messen und -lehrpfade informiert der Elsässische Winzerverband (Tel. 03 89 20 16 20, www.vinsalsace.com).

Das Elsass, vor allem das Unterelsass, verfügt als Hopfenproduzent auch über traditionsreiche **Bierbrauereien**. Besaß einst noch fast jeder Ort eine eigene Brauerei, machte die weltweite Konzentration auch vor dem Elsass nicht halt. Kronenbourg beispielsweise, die größte französische Brauerei, gehört mittlerweile zum dänischen Carlsberg-Konzern.

Geschichte

Info

600 000 v. Chr. Spuren von altsteinzeitlichen Jägern und Sammlern bei Achenheim.

5000 v. Chr. Jungsteinzeit, bäuerliche Besiedlung in den fruchtbaren Lössgebieten.

750–50 v. Chr. Kelten besiedeln das spätere Elsass; Kultstätte am Donon, Heidenmauer am Mont Sainte-Odile.

58 v. Chr. Das Elsass gerät unter römische Herrschaft. 12 v. Chr. Gründung des Militärlagers Argentoratum (Straßburg).

5. Jh. Alemannische Landnahme nach dem Zusammenbruch des römischen Reiches. 496 besiegt der Frankenherrscher Chlodwig die Alemannen, das spätere Elsass wird dem Frankenreich einverleibt.

Um 620 In der Fredegar-Chronik werden „Alesaciones" erstmals erwähnt, vermutlich eine Ableitung von Alemannensass, dem Land der Alemannen.

870 Das Elsass kommt zum Herrschaftsgebiet von Ludwig dem Deutschen. Die drei Enkel Karls des Großen hatten das Frankenreich unter sich aufgeteilt.

925 Das Elsass gehört zum Herzogtum Schwaben.

1015 Der Grundstein des Straßburger Münsters wird gelegt.

1079–1268 Die Staufer herrschen im Land. Haguenau wird Kaiserpfalz von Friedrich II. Barbarossa.

1268 Beginn der habsburgischen Herrschaft (bis 1648).

1354 Der von Kaiser Karl IV. geförderte Zehn-Städte-Bund entsteht (1679 aufgelöst).

1388 Erste Rheinbrücke in Straßburg.

1523 Die Reformation fasst Fuß im Elsass, Straßburg und Schlettstadt (Sélestat) werden Hochburgen des (protestantischen) Humanismus. Gegenreformation ab 1580; Mülhausen und das Unterelsass bleiben überwiegend protestantisch.

1524 Der Bauernkrieg erreicht das Elsass; Schlettstadt ist Zentrum der Auseinandersetzungen.

1618–1648 Unter dem Dreißigjährigen Krieg und wechselnden Besatzungen durch französische, schwedische und kaiserliche Truppen hat die Region schwer zu leiden. Nach Annexion durch den „Sonnenkönig" Ludwig XIV. wird das Elsass 1648 französisch. Straßburg bleibt deutsche Universität (Goethe studierte hier 1770/1771). 1697 wird der Rhein als Grenzfluss festgelegt.

1789 Beginn der Französischen Revolution, die das Elsass endgültig integriert.

1871 Nach dem Deutsch-Französischen Krieg fällt das Elsass wieder an Deutschland.

1914–1918 Erster Weltkrieg; die deutschfranzösische Front verläuft über den Vogesenkamm. Nach der Niederlage Deutschlands wird Elsass-Lothringen 1919 wieder französisch (Vertrag von Versailles).

1940 Deutsche Truppen besetzen im Verlauf des Zweiten Weltkriegs das Elsass und gründen den „Gau Oberrhein"; in Schirmeck wird ein „Umerziehungslager", in Natzviller-Struthof ein Konzentrationslager errichtet. 1945 wird das Elsass wieder französisch.

1949 Straßburg wird Sitz des Europarats bzw. 1958 des Europäischen Parlaments.

1972 Baubeginn des AKW Fessenheim, begleitet von Protesten der Atomkraftgegner im Dreiländereck.

2002 Der Euro wird Landeswährung.

2012 Der Hochgeschwindigkeitszug TGV fährt – nach München und Stuttgart – nun auch Frankfurt direkt an.

2013 Bei einer Volksabstimmung spricht sich die Bevölkerungsmehrheit im Elsass gegen eine Gebietsreform aus. Sie sieht die Verschmelzung der Départements Haut-Rhin und Bas-Rhin sowie des Regionalrats vor.

2015 Das erweiterte, neu gestaltete Unterlinden-Museum in Colmar öffnet wieder. Das Straßburger Münster feiert sein 1000-jähriges Bestehen.

2016 Am 1. Januar tritt die französische Gebietsreform in Kraft. Das Elsass wird mit Lothringen und Champagne-Ardenne zwangsfusioniert, neuer Name: Grand Est.

2017 Das franz.-deutsche „Historial" am Hartmannsweilerkopf wird eröffnet.

2018–2021 Der Isenheimer Altar wird während laufendem Betrieb restauriert.

Hauptsache draußen – ob im Fesselballon über dem Parc du Petit Prince, beim Hausbootfahren oder beim Wandern im Münstertal.

Feiertage

Neujahr (1. Januar), Karfreitag, Ostermontag, Tag der Arbeit (1. Mai), Tag des Sieges 1945 (über Deutschland; 8. Mai), Christi Himmelfahrt, Nationalfeiertag (14. Juli), Mariä Himmelfahrt (15. August), Allerheiligen (1. November), Gedenken Erster Weltkrieg (11. November), 1. und 2. Weihnachtsfeiertag.

Gesundheit

Gesetzlich Versicherte werden mit der Europäischen **Krankenversicherungskarte** (EIHC) in allen Staaten der Europäischen Union und in der Schweiz im medizinischen Notfall ambulant oder stationär behandelt. Um auch Leistungen abzudecken, die von der heimischen Kasse nicht übernommen werden, empfiehlt sich der Abschluss einer zusätzlichen Reisekrankenversicherung.
Apotheken *(pharmacies)* kennzeichnet ein grünes Neon-Kreuz.

Notruf

Polizei Tel. 17
Notarzt Tel. 15
Feuerwehr Tel. 18
EU-einheitlicher **Notruf** kostenlos über Festnetz und Mobilfunk Tel. 112
Autopanne ADAC-Service-Zentrale in Deutschland Tel. 089 22 22 22, Notrufstation in Frankreich Tel. 04 72 17 12 22

Restaurants

Von der gehobenen Feinschmeckerküche bis zum einfachen Berggasthof *(Ferme auberge)*

reicht die Bandbreite der Gastgeber. Einige ausgewählte Adressen werden auf den Infoseiten der einzelnen Regionen vorgestellt.

Preiskategorien

€ € €	Menü	über 40 €
€ €	Menü	25–40 €
€	Menü	unter 25 €

In der traditionellen „Winstub" werden natürlich Weine, aber auch Speisen serviert. Freie Platzwahl ist in einfachen Gasthöfen möglich, ansonsten wartet man am Eingang, bis man einen Platz zugewiesen bekommt.

Souvenirs

Das Angebot ist unübersichtlich und umfasst auch Nippes aller Art wie beispielsweise Stoffstörche. Doch daneben bleibt genügend Typisches und Qualitätvolles. Wein rangiert ganz oben, auch Obstbrände lassen sich gut transportieren. Beliebte „vergängliche" Mitbringsel sind beispielsweise Wurst- oder Käsespezialitäten zusammen mit einer Flasche Gewürztraminer. Weitere leckere Souvenirs werden auf den Seiten 114/115 vorgestellt. Als „bleibendes" Mitbringsel eignet sich schön geschliffenes Kristallglas aus den Waldorten im Norden oder bunte Keramik wie eine Gugelhupfform aus Soufflenheim oder Betschdorf.

Sport

Bootfahren: Gemütlich schippert es sich mit einem Hausboot auf dem Rhein-Marne-Kanal

zwischen Straßburg und Arzwiller sowie auf dem Rhein-Rhône-Kanal von Straßburg südwärts bis Rhinau. Weitere Informationen bei Chemins Nautiques d'Alsace, Port du Canal, 67311 Schiltigheim, Tel. 03 88 81 39 39, www.peniche.com.
Fliegen: Gleitschirmfliegen bietet der Club-École Grand Vol (4, Place de l'Église, 67220 Breitenbach, nordw. Sélestat, Tel. 03 88 57 11 42, www.grandvol.com) oder das Centre École du Markstein (68830 Oderen, nordw. Thann, Tel. 03 89 82 17 16, www.centreecolemarkstein.com). Ballon fahren kann man bei Aérovision Montgolfière (34, Chemin de la Speck, 68000 Colmar, Tel. 03 89 77 22 81, www.aerovision-montgolfiere.com).
Golf: Informationen bietet die Internetseite www.ffgolf.org. Plätze gibt es in bzw. bei Straßburg, Illkirch-Graffenstaden, Soufflenheim, La Wantzenau, Plobsheim (Le Kempferhof), Ammerschwihr Trois-Epis, Rouffach, Wittelsheim (Golf des Bouleaux), Chalampé, Hagenthal-le-Bas und im Sundgau (Golf de la Largue).
Radfahren: Mit rund 1300 km markierter Radwege zählt das Elsass zu den Radlerparadiesen. Die Tourismusagenturen des Ober- und Unterelsass geben Radwanderkarten heraus und stellen Routen auch zum Download bereit (siehe Auskunft). Alles über den Rheinradweg findet man auf www.velorouterhin.eu und www.eurovelo.com. Leihfarräder und Gepäcktransfer werden vielerorts angeboten.
Auch für Mountainbiker sind etliche Strecken aller Schwierigkeitsgrade ausgewiesen, insbesondere im Münstertal mit vielen markierten Geländerouten für das VTT *(vélo tout-terrain)*. Sehr detaillierte Streckeninfos mit GPS-Tracks zum Download bei www.radfahrenimelsass.de. Quer durch die Vogesen führt die Traversée du

Sogar Wintersport ist möglich im Elsass, wie hier in La Bresse-Hohneck, dem größten Skigebiet der Vogesen.

Daten & Fakten

Basisdaten: Das Elsass bedeckt eine Fläche von 8289 km² (1,5 % der Fläche Frankreichs) und wird von 1,87 Mio. Menschen bewohnt (226 Einw./km², 97 Einw./km² in Frankreich) – etwa 1,1 Mio. im Unterelsass (ehem. Département Bas-Rhin) und 0,75 Mio. im Oberelsass (ehem. Département Haut-Rhin). Haupt- und Amtssprache ist Französisch. Das Elsässerditsch (Elsässerdeutsch) zählt zu den alemannisch-fränkischen Dialekten.

Landesnatur: Drei Landschaftstypen charakterisieren das Elsass: die flache Rheinebene, die Vorbergzone mit den Weinbergen sowie die bergigen Vogesen. Die Rheinebene gehört wie die Vogesenvorberge zur fruchtbaren Zone, wo ideale Bedingungen für den Wein-, Getreide- und Gartenbau herrschen. Die Vogesen messen rund 190 km Länge und bis zu 45 km in der Breite. Zur Rheinebene fallen sie steil ab, im Westen hingegen gehen sie deutlich flacher in die Hochflächen Lothringens über. Der südliche Teil des Gebirgsstocks, der einst rund 3000 m hoch aufragte, war noch in der letzten Eiszeit mit Gletschern bedeckt. Diese hobelten aus dem Gestein die runden Köpfe der Ballons und die Karseen der Südvogesen heraus. Hier steht überwiegend Granitgestein an. Das Tal der Bruche trennt Nord- und Südvogesen. Die Zone nördlich der Bruche blieb weitgehend gletscherfrei, somit hat sich auch die rötliche Bundsandsteinschicht erhalten, auf der so malerisch die Burgen stehen. Im Süden geht der Sundgau in die Juraformation der Schweiz über.

Wichtigster Fluss ist der Rhein, der die Grenze zu Deutschland bildet. Weitere bedeutende Flüsse sind Ill, Moder, Sauer und Lauter. Die Mosel entspringt in den südlichen Vogesen und wird auf französischem Boden Moselle genannt. Höchster Gipfel ist der Grand Ballon (1424 m).

Klima: Das Klima ist halbkontinental, das bedeutet, in der Vorbergzone und im Rheintal herrscht teils mediterranes Klima. Die Sommer sind dort heiß, der Frühling kommt früh und der Herbst spät. Auf den Vogesenhöhen ist das Klima mit dem Süden Islands vergleichbar. Hier muss mit 60 bis 70 Frosttagen und viel Schnee gerechnet werden. Regen geht meist an den Westhängen der Vogesen nieder. Deshalb gehört Colmar, im Windschatten gelegen, zu den trockensten Orten Frankreichs.

Massif des Vosges (420 km, 14 Teilabschnitte, Streckeninfos unter www.tmv-alsace-vtt.com). Einen Bikepark gibt es bei Orbey (Lac Blanc Bikeparc, Tel. 03 89 71 35 45, www.lacblanc-bikepark.com).

Reiten: Wer Ausflüge hoch zu Ross organisiert, verrät das Comité Régional de Tourisme Équestre d'Alsace (6, Route d'Ingersheim, 68000 Colmar, Tel. 03 89 24 43 18, www.alsace acheval.com).

Wandern: Der Vogesenclub (Fédération du Club Vosgien) kümmert sich um die Beschilderung und Pflege des 17 000 km langen Wanderwegenetzes. Außerdem gibt er Karten und Wanderführer heraus und unterhält die Schutzhütten (Fédération du Club Vosgien, 7, Rue du Travail, 67000 Strasbourg, Tel. 03 88 32 57 96, www. club-vosgien.eu).

Wandern ohne Gepäck bieten Horizons d'Alsace (28, Rue du Général Dufieux, 68650 Lapoutroie, Tel. 03 89 78 35 20, www.horizons-alsace.com) oder Trace Verte (Place de la Gare, 67190 Mutzig, Tel. 03 88 38 30 69, www.trace verte.com).

Wintersport: Die Vogesen haben im Winter 26 Skigebiete in Lagen zwischen 800 und 1350 m üNN zu bieten, mit einfachen bis anspruchsvollen Abfahrten sowie einem ausgedehnten Loipennetz von rund 530 km. Skigebiete sind u. a. Champ de Feu, Bagenelles, Lac Blanc, Tanet, Gaschney, Schnepfenried, Frenz/Col d'Oderen, Ballon d'Alsace, Markstein, Grand Ballon, Thannerhubel, Schlumpf. Pistenbeschreibung und Schneebericht auf www.massif-des-vosges.com.

Telefon

Die **Ländervorwahl** für Frankreich lautet 0033, für Deutschland 0049, Österreich 0043, und für die Schweiz 0041. Im Anschluss ist die Telefonnummer inklusive Ortsvorwahl, aber immer ohne Anfangsnull zu wählen. Innerhalb Frankreichs wird die Ortsvorwahl im Fest- wie im Mobilnetz immer mitgewählt, auch innerorts. Die Rufnummern sind deshalb grundsätzlich zehnstellig. Falls das Handy versagt: Für das Telefonieren aus **öffentlichen Telefonzellen** benötigt man eine sogenannte Télécarte, die bei Postämtern und in „Tabac"-Läden erhältlich ist.

Unterkunft

Hotels: Die Hotelpreise schwanken je nach Region und Saison sehr stark. Straßburg ist deutlich teurer als das übrige Elsass, vor allem natürlich während der Sitzungswochen des EU-Parlaments.

Auf den Infoseiten der einzelnen Regionen werden in diesem Band einige ausgewählte Unterkünfte vorgestellt. Die Preiskategorien beziehen sich jeweils auf ein Doppelzimmer ohne Frühstück.

Preiskategorien

€ € €	Doppelzimmer	über 200 €
€ €	Doppelzimmer	120–200 €
€	Doppelzimmer	unter 120 €

Weitere Adressen erhält man bei den örtlichen und überregionalen Tourist-Informationen (siehe Auskunft und Infoseiten) sowie bei der ADT-Tourismus-Organisation unter www.logis-alsace.com.

Keramik ist ein vielgestaltiges Souvenir. Hier ein Blick in den Verkaufsraum der Manufaktur Friedmann in Soufflenheim.

Fermes auberges: Die Bergbauernhöfe bieten einfache Unterkünfte in den Vogesen, haben allerdings nur den Sommer über geöffnet. Nähere Informationen sind bei den örtlichen Tourist-Informationen zu erhalten (siehe Infoseiten) oder im Internet unter www.ferme-aubergealsace.fr (nur Haut-Rhin) bzw. www.tourisme-alsace.com.

Camping: Campen ist in Frankreich sehr populär; im ganzen Land gibt es über 9000 Campingplätze, 126 im Elsass, viele davon sind hervorragend ausgestattet. Für das Département Bas-Rhin sind auf www.campingfrance.com 61 Plätze aufgeführt, für Haut-Rhin 65 Plätze. Auch die Internetseite www.campingqualite.com hilft bei der Suche nach einem geeigneten Platz weiter.

Jugendherbergen: Informationen und Online-Buchungsmöglichkeiten bietet die FUAJ Alsace (Fédération Unie des Auberges de Jeunesse), www.fuaj.org. Jugendherbergen gibt es im Elsass in Colmar, Lautenbach und Strasbourg.

Ferienwohnungen: Günstige Unterkunftsmöglichkeiten bieten Ferienwohnungen (gîtes ruraux) und Gästezimmer (chambres d'hôtes). Über die Internetseiten www.gites-de-france.com oder www.clevacances.com kann man online reservieren.

Ferien auf dem Bauernhof: Auch hierzu gibt es ein großes Online-Angebot auf www.bienvenue-a-la-ferme.com.

Veranstaltungen

Februar/März In Mulhouse stürzt man sich in den alemannischen Fasching.

April Géradmer feiert das Narzissenfest, Obernai ein alternatives Zirkusfestival.

April/Mai Das Schneckenrennen in Osenbach bei Colmar geht über eine 50-cm-Distanz.

Mai Bei der Ökomesse in Rouffach bieten Hunderte Verkaufsstände fünf Tage lang Bioprodukte an. Der Almauftrieb (transhumance) in den Vogesen ist vor allem im Münstertal und in Géradmer ein farbenfrohes Spektakel.

Juni Am 21. Juni feiert ganz Frankreich die Fête de la Musique mit Gratiskonzerten und Straßenmusik. Am 21./24. Juni wird mit großen Sonnwendfeuern Mittsommer gefeiert.

Juli–Oktober Zeit der Weinfeste – überall wo Wein wächst, wird auch gefeiert.

Juli Zum Nationalfeiertag am 14. Juli finden im ganzen Land Feuerwerke und Feste statt. In Seebach ist am 3. Juli-So. Streisselhochzeit.

August Sélestat huldigt der Dahlie beim Corso fleuri.

September/Oktober Mittelalterlich geht's beim Pfifferdaj in Ribeauvillé und beim Festival Voix et Route Romane in Straßburg zu, deftig beim Sauerkrautfest in Krautgersheim.

Dezember Weihnachtsmärkte gibt es im gesamten Elsass, die schönsten in Strasbourg, Mulhouse, Kaysersberg und Colmar.

Info

Wetterdaten Straßburg

	TAGES-TEMP. MAX.	TAGES-TEMP. MIN.	TAGE MIT NIEDER-SCHLAG	SONNEN-STUNDEN PRO TAG
Januar	4°	–2°	9	2
Februar	6°	–1°	8	3
März	10°	2°	9	4
April	15°	5°	10	5
Mai	19°	9°	12	6
Juni	22°	12°	11	7
Juli	25°	13°	10	8
August	24°	13°	10	7
September	21°	10°	8	6
Oktober	15°	7°	8	3
November	8°	2°	9	2
Dezember	5°	5°	9	1

Die Ill durchfließt in Straßburgs „Petite France" einige Schleusen – jedes Mal ein kleines Abenteuer für die Touristen im Sightseeing-Boot.

Register

Impressum

5. Auflage 2019
© DuMont Reiseverlag, Ostfildern

Verlag: DuMont Reiseverlag, Postfach 3151, 73751 Ostfildern, Tel. 07114502-0,
Fax 07114502-135, www.dumontreise.de
Geschäftsführer: Dr. Thomas Brinkmann, Dr. Stephanie Mair-Huydts
Programmleitung: Birgit Borowski
Text: Dina Stahn
Exklusiv-Fotografie: Markus Kirchgessner
S. 50 u.r. Pablo Picasso: (c) Succession Picasso/VG Bild-Kunst, Bonn 2018;
Michel Larionov: (c) VG Bild-Kunst, Bonn 2018
Titelbild: laif/hemis.fr/Denis Bringard
Zusätzliches Bildmaterial: S. 5 u./99 o. fotolia/valeriy555; 8/9 Huber/Mackie
Tom; 16/17 laif/REA/F. Maigrot; 20/21 LOOK-Foto/Holger Leue; 22 o. fotolia/Brad
Pict; 22 u.l. Auberge Metzger, Natzwiller; 22 u. r., 23 o.l. Restaurant Buerehiesel,
Straßburg; 39 r. o./u., 40 l. r.o. DuMont-Archiv/M. Kirchner; 41 o. fotolia/
Oleksandr Moroz; 57 r. o./u. DuMont-Archiv/M. Kirchner; 74 o. iStock/paula83;
74 u.l. Christine Hart; 75 o.l. fotolia/LUMIERES; 75 o.r. mauritius images/BY;
75 u. Fromagerie Antony; 77 o.l. getty images/Martyn Goddard; 77 o. r. laif/M.
Kirchgessner; 77 u.r. laif/Cuvelier, N./Gamma-Rapho; 78 o.l. laif/M. Kirchgessner;
79 o. fotolia/djama; 97 l. mauritius images/imageBROKER/Wilfried Wirth; 85
Herzog & de Meuron © Ruedi Walti; 97 r.u. mauritius images/Alamy; 98 u. Galerie
RempART, Patricia Meyer, Eguisheim; Alamy; 109 r. u. laif/J.Muscat/Gamma-
Rapho; 111 o.l. laif/hemis.fr/Denis Bringard; 111 o.r. DuMont-Archiv/M. Kirchner;
111 u.r., 112 l. laif/REA/F. Maigrot; 114 o. iStock/PinkPueblo; 114 l. picture-
alliance/Burkhard Juettner/vintage.de; 114 r. Huber/Bachmann K.; 115 l.u.
fotolia/Graphies.thèque; 115 l. o. laif/REA/F. Maigrot; 115 r. o. Hemispheres/laif;
115 r.u. mauritius images/imageBROKER/Fabian von Poser; 116 o.l. Restaurant
Buerehiesel, Straßburg; 116 o.r./u. laif/M. Kirchgessner; 118 r. laif/REA/F.
Maigrot; 119 u. laif/hemis.fr/Denis Bringard.
Grafische Konzeption, Art Direktion: fpm factor product münchen
Cover Gestaltung: Neue Gestaltung, Berlin
Layout: Cyclus · Visuelle Kommunikation, Stuttgart
Kartografie: © MAIRDUMONT GmbH & Co. KG, Ostfildern
Kartografie Lawall (Karten für „Unsere Favoriten")
DuMont Bildarchiv: Marco-Polo-Straße 1, 73760 Ostfildern,
Tel. 07114502-266, Fax 07114502-1006, bildarchiv@mairdumont.com

Für die Richtigkeit der in diesem DuMont Bildatlas angegebenen Daten –
Adressen, Öffnungszeiten, Telefonnummern usw. – kann der Verlag keine
Garantie übernehmen. Nachdruck, auch auszugsweise, nur mit vorheriger
Genehmigung des Verlages. Erscheinungsweise: monatlich.

Anzeigenvermarktung: MAIRDUMONT MEDIA, Tel. 0711/4502-0,
Fax 0711/4502-355, media@mairdumont.com, http://media.mairdumont.com
Vertrieb Zeitschriftenhandel: PARTNER Medienservices GmbH, Postfach
810420, 70521 Stuttgart, Tel. 0711/7252-212, Fax 0711/7252-320
Vertrieb Abonnement: Leserservice DuMont Bildatlas,
Zenit Pressevertrieb GmbH, Postfach 810640, 70523 Stuttgart,
Tel. 0711/7252-265, Fax 0711/7252-333,
dumontreise@zenit-presse.de
Vertrieb Buchhandel und Einzelhefte: MAIRDUMONT
GmbH & Co. KG, Marco-Polo-Straße 1, 73760 Ostfildern,
Tel. 0711/4502-0, Fax 0711/4502-340
Reproduktionen: PPP Pre Print Partner
GmbH & Co. KG, Köln
Druck und buchbinderische Verarbeitung:
NEEF + STUMME premium printing GmbH & Co. KG, Wittingen,
Printed in Germany

FSC
www.fsc.org
MIX
Papier aus ver-
antwortungsvollen
Quellen
FSC® C001857

Hübsche Hafenorte wie Salo laden zum Bummeln am Lago ein.

Lüneburg gab der ganzen Region zwischen Elbe, Weser und Aller ihren Namen.

Lüneburger Heide

Ein Traum in Violett
Die schönsten Ansichten aus dem Naturpark Heide – und alle Infos dazu wo, wie und wann Sie die Heideblüte am besten erleben.

Zukunft der Bienen
Heideblütenhonig ist eine Delikatesse. Gespräch mit einem Imker über gegenwärtige Probleme und die Zukunft der Bienenvölker.

Landgasthöfe mit Flair
In der Rubrik „Best of ..." stellen wir Ihnen neben den tollsten Freizeitparks und den lohnendsten Naturführungen die besten Landgasthöfe vor.

Gardasee

Grandezza am Lago
Mondäne Bäder, Dampfer und Grandhotels verbreiteten um 1900 exquisites Flair. Mittlerweile knüpft man gerne daran an.

Delfin des Gardasees ...
... wird der blinde Alessandro Furioni genannt. Er durchschwimmt den Gardasee in allen Richtungen. Unserer Autorin Margit Kohl hat er seine Geschichte erzählt.

In bester Lage
Hotels direkt am See, schöner kann man nicht wohnen – und einige der Häuser sind sogar bezahlbar. Wir präsentieren unsere Favoriten.

www.dumontreise.de

Lieferbare Ausgaben